危险货物道路运输安全管理手册丛书

危险货物道路运输安全管理手册

风险管理和隐患排查篇

严　季　常连玉　张玉玲◎主编

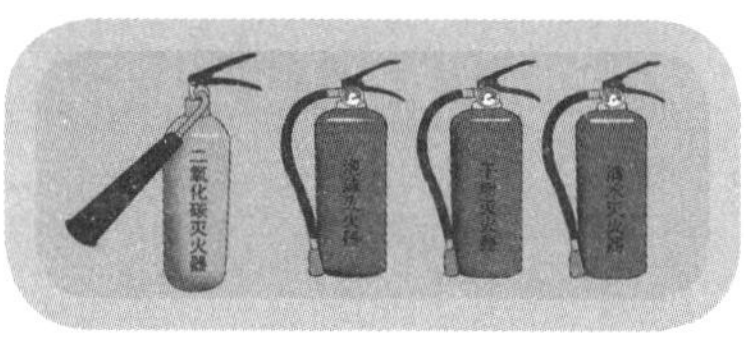

人民交通出版社股份有限公司
China Communications Press Co.,Ltd.

内 容 提 要

本书为危险货物道路运输安全管理手册丛书之一,根据国家有关法规标准要求,从行业特点出发,重点介绍了风险管理、隐患排查和重大危险源安全管理三部分内容,具体讲解了风险管理和隐患排查的概念、方法,危险货物道路运输企业有关实践经验,并附有企业管理范本,具有较强的参考意义。

本书供我国危险货物道路运输相关管理人员、科学研究人员和企业从业人员学习使用。

图书在版编目(CIP)数据

危险货物道路运输安全管理手册. 风险管理和隐患排查篇 / 严季,常连玉,张玉玲主编. — 北京 : 人民交通出版社股份有限公司, 2019.2

ISBN 978-7-114-15183-5

Ⅰ. ①危… Ⅱ. ①严…②常…③张… Ⅲ. ①公路运输—危险货物运输—交通运输安全—标准—汇编—中国 Ⅳ. ①D922.145②U492.8-65

中国版本图书馆 CIP 数据核字(2018)第 275211 号

Weixian Huowu Daolu Yunshu Anquan Guanli Shouce (Fengxian Guanli he Yinhuan Paicha Pian)

书　　名: 危险货物道路运输安全管理手册(风险管理和隐患排查篇)
著 作 者: 严　季　常连玉　张玉玲
责任编辑: 董　倩　刘　博
责任校对: 张　贺
责任印制: 张　凯
出版发行: 人民交通出版社股份有限公司
地　　址: (100011)北京市朝阳区安定门外外馆斜街 3 号
网　　址: http://www.ccpress.com.cn
销售电话: (010)59757973
总 经 销: 人民交通出版社股份有限公司发行部
经　　销: 各地新华书店
印　　刷: 北京印匠彩色印刷有限公司
开　　本: 787×1092　1/16
印　　张: 12
字　　数: 239 千
版　　次: 2019 年 2 月　第 1 版
印　　次: 2019 年 2 月　第 1 次印刷
书　　号: ISBN 978-7-114-15183-5
定　　价: 48.00 元

前言 PREFACE

2016 年 1 月，习近平总书记就加强安全生产工作提出“必须坚决遏制重特大事故频发势头，对易发重特大事故的行业领域采取风险分级管控、隐患排查治理双重预防性工作机制，推动安全生产关口前移，加强应急救援工作，最大限度减少人员伤亡和财产损失”。2016 年 12 月 18 日，中共中央、国务院下发了《关于推进安全生产领域改革发展的意见》(中发〔2016〕32 号)，这是历史上第一次以党中央、国务院名义印发安全生产方面的文件，充分体现了以习近平总书记为核心的党中央对安全生产工作的极大重视。该意见要求，构建风险分级管控和隐患排查治理双重预防工作机制，严防风险演变、隐患升级导致生产安全事故发生。

建立“风险分级管控”和“隐患排查治理”双重预防机制，是我国当前和今后一个时期做好安全生产工作的重要途径和有效手段，是企业落实安全生产主体责任，强化安全管理基础工作，实现安全生产关口前移、重心下移的一项重要举措。但是，在实际工作中，对风险管理、隐患排查治理工作的认知还存在的一些概念不清、术语混淆以及操作难度较大等问题，在一定程度上制约了该项工作的深入开展。尤其是个别中小企业，仅是将风险管理与隐患排查治理工作停留在口号上。

本书依据国家有关法规标准，从行业特点出发，针对实际工作需求，提出开展风险管理与隐患排查治理的具体方法、措施，切实为危险货物道路运输企业解决一些实际问题。

1. 风险管理的提出

(1)主要文件。

2010 年 7 月 19 日，《国务院关于进一步加强企业安全生产工作的通知》(国发〔2010〕23 号)中首次提出：“企业要建立完善安全生产动态监控及预警预报体系，每月进行一次安全生产风险分析。”

2013 年 11 月 12 日，《中共中央关于全面深化改革若干重大问题的决定》中要求："深化安全生产管理体制改革，建立隐患排查治理体系和安全预防控制体系，遏制重特大安全事故。"

2014 年 6 月 17 日，《交通运输部关于推进安全生产风险管理工作的意见》（交安监发〔2014〕120 号）中提出："推进安全生产风险管理工作是着力解决制约交通运输科学发展安全发展突出问题、提高交通运输安全生产综合实力的重要途径和必然选择，是防范和减少交通运输安全生产事故发生的有效手段，是减轻风险损害的有效方法。安全生产风险管理是在对风险源辨识、评估的基础上，优化组合各种风险管理技术，对风险实施有效控制，妥善处理风险所致结果，以最小成本达到最大安全保障的系列活动。"

2016 年 12 月 18 日，《中共中央　国务院关于推进安全生产领域改革发展的意见》（中发〔2016〕32 号）中要求："构建风险分级管控和隐患排查治理双重预防工作机制，严防风险演变、隐患升级导致生产安全事故发生。"

（2）主要标准。

为了将风险管理引入企业的安全管理中，我国借鉴"国际标准化组织/国际电工委员会"（ISO/IEC）的经验制定了相关标准，主要有《风险管理 术语》（GB/T 23694—2013）、《风险管理 原则与实施指南》（GB/T 24353—2009）、《风险管理 风险评估技术》（GB/T 27921—2011）以及《企业安全生产标准化基本规范》（GB/T 33000—2016）。

2. 隐患排查的提出

《中华人民共和国安全生产法》（以下简称《安全生产法》）是为了加强安全生产监督管理，防止和减少生产安全事故，保障人民群众生命和财产安全，促进经济发展而制定的法律。

2002 年 6 月 29 日由中华人民共和国第九届全国人民代表大会常务委员会第二十八次会议通过，自 2002 年 11 月 1 日起施行的《安全生产法》，共 97 条，其中有 8 条涉及生产安全事故隐患排查治理。

2014 年 8 月 31 日由中华人民共和国第十二届全国人民代表大会常务委员会第十次会议通过，自 2014 年 12 月 1 日起施行的《安全生产法》，共 114 条，其中有 17 条涉及生产安全事故隐患排查治理，并提出："生产经营单位应当建立健全生产安全事故隐患排查治理制度,采取技术、管理措施,及时发现并消除事故隐患。”同时要求,县级以上地方各级人民政府负有安全生产监督管理职责的部门应当建立健全重大事故隐患治理督办制度,督促生产经营单位消除重大事故隐患。

综上所述,风险管理与隐患排查是我国的法律要求,生产经营单位是该工作的责任主体,政府有关管理部门对生产经营单位开展该工作负有监管职责。

为了避免出现术语混淆、概念交叉和案例重复等问题,本书着重解决以下几个问题。

(1)突出行业特色,强调行业规定。

虽然风险管理是一门学科,有名词定义、基本概念和相应理论,但是本书主要是应用理论、结合实际、解决问题,即把重点放在解决实际问题上,突出行业特点,执行行业规定,如重点介绍交通运输部颁布的《公路水路行业安全生产风险管理治理暂行办法》中关于风险的定义和条款,并以此为准开展具体研究、分析。

(2)突出行业特色,明确概念定义。

本书详细介绍、分析了风险因素与隐患的概念,但为了避免将同一因素(事件)重复辨识为风险和隐患,在此明确:

①风险概念的范畴大于隐患。如国务院办公厅发布的《标本兼治遏制重特大事故工作指南》中提出“把安全风险管控挺在隐患前面,把隐患排查治理挺在事故前面”。

②《公路水路行业安全生产风险管理暂行办法》第六条明确,风险是指生产经营过程中发生安全生产事故的可能性。《公路水路行业安全生产事故隐患治理暂行办法》第三条则明确,安全生产隐患是生产经营单位违反安全生产法律、法规、规章、标准、规程和安全生产管理制度等规定,或因其他因素在生产经营活动中存在的可能导致安全生产事故的人的不安全行为、物的不安全状态、场所的不安全因素和管理上的缺陷。因此,本书在风险辨识时,不再考虑生产过程中的违规行为。

③在解决实际问题的前提下,本书依据风险管理、隐患排查的相关法律法规、规章和国家标准、行业标准等要求,分别对风险管理、隐患排查进行研究探讨,使其各成体系,从而进一步避免术语混淆、概念交叉和案例重复等问题。

(3)确保教材内容通俗易懂,解决企业实际问题。

针对危险货物道路运输企业数量多、规模小以及安全管理人员学历偏低等特点,本书以“通俗易懂”的方式,特别注意为危险货物道路运输企业的安全管理人员和道路运输管理人员解决实际问题,希望通过风险管理和隐患排查,切实提高危险货物道路运输安全管理工作水平。

本书由严季、常连玉、张玉玲担任主编,陈海燕担任副主编;参编人员有张浩、秦树甲、侯喜胜、田洪庆、邓一凡、吕会聪、高卫星、陈跃。

由于作者水平有限,书中难免有不妥之处,敬请有关专家、学者和从事危险货物道路运输管理工作的人员批评指正,以便修订完善。

编　者
2018 年 12 月

目录 CONTENTS

第一篇　风险管理篇

第二篇　隐患排查篇

第三篇　重大危险源安全管理篇

第一篇
风险管理篇

安全生产风险管理是在对风险源辨识、评估的基础上，优化组合各种风险管理技术，有效控制风险实施，妥善处理风险所致结果，以最小成本达到最大安全保障的系列活动。实施安全生产风险管理，应建立健全完善的制度和标准、有效的运行管理机制，有可靠的资源保障和科学的技术支撑。本篇重点介绍风险管理的有关概念、公路水路行业安全生产风险管理、危险货物道路运输风险管理及企业实践等相关知识。

第一章 风险管理概述

风险管理最早起源于美国。在20世纪30年代,由于受到1929—1933年世界性经济危机的影响,美国约有40%的银行和企业破产,经济倒退了近20年。为应对经营上的危机,许多美国大中型企业都在内部设立了保险管理部门,负责安排企业的各种保险项目。当时的风险管理主要依赖保险手段。1938年以后,美国企业对风险管理开始采用科学的方法,并逐步积累了丰富的经验。20世纪50年代风险管理发展成为一门学科,风险管理一词形成。

1970年以后,随着企业面临的风险愈加复杂多样和风险费用逐渐增加,法国从美国引进了风险管理并在国内传播开来。同时,日本也开始了风险管理研究。全球性的风险管理运动逐渐掀起。美国、英国、法国、德国、日本等国家先后建立起全国性和地区性的风险管理协会。1983年在美国召开的风险和保险管理协会年会上,世界各国专家学者云集纽约,共同讨论并通过了"101条风险管理准则",它标志着风险管理的发展已进入了一个新的发展阶段。

我国对于风险管理的研究始于20世纪80年代。一些学者将风险管理和安全系统工程理论引入中国,并在少数企业中得到了比较满意的试用。但是由于我国大部分企业缺乏对风险管理的认识,没有建立专门的风险管理机构,风险管理学在我国仍处于起步阶段。近年来,根据国家关于"着力构建安全风险分级管控和隐患排查治理双重预防性工作机制"的要求,交通运输等行业逐渐开展风险管理工作。

在我国法规、标准等文件中,经常使用的"风险管理",是针对生产经营单位"安全生产风险管理"的简称。生产经营单位的安全生产管理人员要根据有关法规、标准要求和相关概念,紧密结合本单位实际,开展相关工作。从业人员也要了解有关要求,做好与本职工作有关的风险防控。

第一节 风险管理的法规标准要求

为了更好地了解风险管理工作的重要性和企业的责任,本节重点介绍风险管理的法规标准要求。

一、风险管理的法规要求

(一)国务院行政规范性文件

1.《国务院关于进一步加强企业安全生产工作的通知》(国发〔2010〕23号)

2010年7月,国务院下发了《关于进一步加强企业安全生产工作的通知》,要求建立完善企业安全生产预警机制。企业要建立完善安全生产动态监控及预警预报体系,每月进行一次安全生产风险分析。

2.《中共中央　国务院关于推进安全生产领域改革发展的意见》(中发〔2016〕32 号)

2016 年 12 月,中共中央、国务院印发了《关于推进安全生产领域改革发展的意见》(以下简称《意见》)。这是历史上第一次以党中央、国务院名义印发安全生产方面的文件,充分体现了以习近平总书记为核心的党中央对安全生产工作的极大重视。《意见》科学谋划了安全生产领域改革发展蓝图,提出了 30 项具体措施,是当前和今后一个时期全国安全生产工作的思想指南和行动纲领。

《意见》涉及风险管理的要求有:

(1)坚持源头防范。构建风险分级管控和隐患排查治理双重预防工作机制,严防风险演变、隐患升级导致生产安全事故发生。

(2)加强安全风险管控。地方各级政府要建立完善安全风险评估与论证机制,科学合理地确定企业选址和基础设施建设、居民生活区空间布局。高危项目审批必须把安全生产作为前置条件,城乡规划布局、设计、建设、管理等各项工作必须以安全为前提,实行重大安全风险"一票否决"制度。加强新材料、新工艺、新业态安全风险评估和管控。

(3)强化企业预防措施。企业要定期开展风险评估和危害辨识工作。

3.《国务院办公厅关于印发〈安全生产"十三五"规划〉的通知》(国办发〔2017〕3 号)

2017 年 1 月,国务院办公厅发布了《关于印发〈安全生产"十三五"规划〉的通知》,其中涉及风险管理的要求有:

(1)预防为主,源头管控。实施安全发展战略,把安全生产贯穿于规划、设计、建设、管理、生产、经营等各环节,严格安全生产市场准入,不断完善风险分级管控和隐患排查治理双重预防机制,有效控制事故风险。

(2)强化企业主体责任。制定安全风险辨识与管理指南,完善重大危险源登记建档、检测、评估、监控制度。健全隐患分类分级标准,建立隐患排查治理第三方评价制度以及隐患自查自改自报的管理制度。

(3)坚决遏制重特大事故。加快构建风险等级管控、隐患排查治理两条防线,对重点领域、重点区域、重点部位、重点环节和重大危险源,采取有效的技术、工程和管理控制措施,健全监测预警应急机制,切实降低重特大事故发生频次和危害后果,最大限度减少人员伤亡和财产损失。

4.《国务院安委会办公室关于印发〈标本兼治遏制重特大事故工作指南〉的通知》(安委办〔2016〕3 号)

2016 年 4 月,国务院安委会办公室发布了《关于印发〈标本兼治遏制重特大事故工作指南〉的通知》(以下简称《指南》),对标本兼治、遏制重特大事故作出重要部署,要求认真贯彻落实党中央、国务院决策部署,坚决遏制重特大事故频发势头。

《指南》是在认真研究总结重特大事故发生规律特点、深入调查研究、广泛征求意见的基础上研究制定的,明确了标本兼治、综合治理,把安全风险管控挺在隐患前面,把隐患排查治理挺在事故前面，构建点、线、面有机结合、无缝对接的安全风险分级管控和隐患排查治理双重预防性工作体系的指导思想和目标，提出了着力构建安全风险分级管控和隐患排查治理预防性工作机制，强化安全生产技术保障、严厉打击惩治各类违法违规行为、全面加强安全生产源头治理、着力加强保护生命重点工程建设、切实提升事故应急处置能力等工作措施。

《指南》涉及风险管理的要求有：

(1)坚持标本兼治、综合治理，把安全风险管控挺在隐患前面，把隐患排查治理挺在事故前面，扎实构建事故应急救援最后一道防线。坚持关口前移，超前辨识预判岗位、企业、区域安全风险，通过实施制度、技术、工程、管理等措施，有效防控各类安全风险；加强过程管控，通过构建隐患排查治理体系和闭环管理制度，强化监管执法，及时发现和消除各类事故隐患，防患于未然……

(2)到 2018 年，构建形成点、线、面有机结合、无缝对接的安全风险分级管控和隐患排查治理双重预防性工作体系，全社会共同防控安全风险和共同排查治理事故隐患的责任、措施和机制更加精准、有效……

(3)着力构建安全风险分级管控和隐患排查治理双重预防性工作机制。

①健全安全风险评估分级和事故隐患排查分级标准体系。根据存在的主要风险隐患，可能导致的后果，并结合本地区、本行业领域实际，研究制定区域性、行业性安全风险和事故隐患辨识、评估、分级标准，为开展安全风险分级管控和事故隐患排查治理提供依据。

②全面排查评定安全风险和事故隐患等级。在深入总结分析重特大事故发生规律、特点和趋势的基础上，每年排查评估本地区的重点行业领域、重点部位、重点环节，依据相应标准，分别确定安全风险“红、橙、黄、蓝”(红色为安全风险最高级)4 个等级，分别确定事故隐患为重大隐患和一般隐患，并建立安全风险和事故隐患数据库，绘制省、市、县以及企业安全风险等级和重大事故隐患分布电子图，切实解决“想不到、管不到”问题。

③建立实行安全风险分级管控机制。按照“分区域、分级别、网格化”原则，实施安全风险差异化动态管理，明确落实每一处重大安全风险和重大危险源的安全管理与监管责任，强化风险管控技术、制度、管理措施，把可能导致的后果限制在可防、可控范围之内。健全安全风险公告警示和重大安全风险预警机制，定期对红色、橙色安全风险进行分析、评估、预警。落实企业安全风险分级管控岗位责任，建立企业安全风险公告、岗位安全风险确认和安全操作“明白卡”制度。

5.《国务院办公厅关于印发〈危险化学品安全综合治理方案〉的通知》(国办发〔2016〕88 号)

2016 年 11 月 29 日，国务院办公厅下发了《关于印发〈危险化学品安全综合治理方案〉的通知》(以下简称《方案》)，要求自 2016 年 12 月开始，到 2019 年 11 月结束；工作分为三个阶段进行：

(1)部署阶段(2016 年 12 月)。

(2)整治阶段(2017 年 1 月至 2018 年 3 月开展深入整治，并取得阶段性成果；2018 年 4

月至2019年10月深化提升）。各地区、各有关部门要精心组织，认真实施，定期开展督导检查，及时解决危险化学品安全综合治理过程中发现的问题，确保各项工作按期完成。

（3）总结阶段（2019年11月）。

《方案》要求：①全面摸排风险。公布涉及危险化学品安全风险的行业品种目录，认真组织摸排各行业领域危险化学品安全风险，重点摸排危险化学品生产、储存、使用、经营、运输和废弃处置以及涉及危险化学品的物流园区、港口、码头、机场和城镇燃气的使用等各环节、各领域的安全风险，建立危险化学品安全风险分布档案。②推进科技强安。大力推广应用风险管理、化工过程安全管理等先进管理方法手段，加强消防设施装备的研发和配备，提升安全科技保障能力。

为了贯彻落实国务院办公厅《方案》，交通运输部制定了《交通运输部安委会关于贯彻落实国务院办公厅危险化学品安全综合治理方案的任务分工》（交安委〔2017〕1号）。

（二）国务院有关部委文件

1."道路运输平安年"活动方案

自2015年起，交通运输部、公安部、原国家安全生产监督管理总局联合开展了"道路运输平安年"活动，其中涉及风险管理的要求如下。

（1）《关于印发2015年"道路运输平安年"活动方案的通知》（交运发〔2015〕23号）要求，推进安全风险管理，加强隐患排查治理。道路运输企业要按照关于推进安全生产风险管理工作的意见，建立完善风险管理和安全隐患排查治理制度，对营运驾驶人员、营运车辆、道路及环境条件、运输组织、运营监控等方面，开展风险源辨识、评估、监测，落实防控和应急处置措施。各级门要会同公安、安全监管部门，建立健全重大事故隐患治理联合督办制度，督促道路运输企业消除重大事故隐患，对未建立隐患排查治理制度、未采取有效措施消除事故隐患的，要严格按照《中华人民共和国安全生产法》（以下简称《安全生产法》）第九十八、九十九条予以查处。

（2）《关于印发2016年"道路运输平安年"活动方案的通知》（交运发〔2016〕46号）要求，深入推进安全风险管理，做好风险辨识和管控。道路运输企业要按照国家有关部委关于推进安全生产风险管理工作的要求，切实做好安全风险管控工作，开展安全生产风险源辨识，建立风险源清单，并逐一评估，确定风险等级，强化高风险环节管控，做好源头管理，做好事前预防，以最小成本达到最大安全保障。

（3）《关于印发2017年"道路运输平安年"活动方案的通知》（交运发〔2017〕31号）要求，加强风险防控和隐患排查治理。各地交通运输、公安、安全监管部门要按照职责分工，督促指导道路运输企业定期开展风险评估和危害辨识，针对关键设施设备、关键岗位、关键环节，建立分级管控制度，落实安全操作规程；要积极推动道路运输企业建立健全隐患排查治理制度，开展自查自改闭环管理体系；要依法对存在重大安全隐患且无法及时整改的企业，实行停运停业整顿、挂牌督办，跟踪督促整改；要积极推进安全生产诚信建设，完善企业和从业人员不良记录"黑名单"制度。

2.《交通运输部关于推进安全生产风险管理工作的意见》(交安监发〔2014〕120号)

2014年6月17日,交通运输部下发了《关于推进安全生产风险管理工作的意见》,要求充分认识推进安全生产风险管理工作的重要性。提出“安全生产风险管理是在对风险源辨识、评估的基础上,优化组合各种风险管理技术,有效控制风险实施,妥善处理风险所致结果,以最小成本达到最大安全保障的系列活动。实施安全生产风险管理,应建立健全完善的制度和标准、有效的运行管理机制、可靠的资源保障和科学的技术支撑。各部门、各单位要充分认识推进安全生产风险管理工作的重要性和必要性,认真履行职责,扎实推进工作,确保取得实效”。

(1)推动安全生产风险管理工作的基本原则包括:①顶层设计、有效融合。全面谋划,与日常安全管理工作相结合,改进方式方法,完善制度标准。②创新机制、持续改进。创新驱动,建立完善持续改进机制,确保机制运行顺畅、有效。③依靠科技、注重实效。攻克安全生产风险防控关键技术,解决风险管理体系建设的关键问题。④突出重点、先行先试。根据行业特点,对高风险领域要优先建立风险管理体系,逐步实现行业全覆盖。

(2)推进安全生产风险管理工作的目标任务包括:①前期工作目标。2015年底前,成立组织机构,细化工作方案,实施宣贯培训,基本建立安全生产风险管理规章制度、标准规范,开展试点工作。②中期工作目标。2017年底前,规模以上客运和危险货物运输企业,工程施工总承包特级和一级企业,国家重点建设项目,在役特大桥及长隧道全面实施安全生产风险管理。③远期工作目标。到2020年,交通运输系统全面实施安全生产风险管理,交通运输科学发展安全发展水平得到显著提升。

(3)推进安全生产风险管理工作的具体要求包括:①建立安全生产风险源辨识、评估、控制、教育培训、检查考核以及重大风险源报备等制度。②按照风险管理的要求,修订完善现行有关安全生产和管理的制度和标准。制定安全生产风险分类分级标准,分领域编制风险源辨识手册和评估指南,把风险评估纳入重大政策和重大项目决策程序。③明确各单位主要负责人、分管领导、安全管理部门和岗位人员的责任,建立安全生产风险管理工作的内部审查机制,健全监督与问责机制。着力构建自我检验、自我修复、自我优化的安全生产风险管理工作持续改进机制;着力建立跨行业跨部门跨地区重大风险的沟通协调、联防联控机制;着力建立健全社会监督、中介服务、专家咨询等全社会参与的合作机制。④开展风险源辨识、评估和控制。开展安全生产风险源辨识工作,建立风险源清单并逐一评估,确定安全生产风险等级和管控临界,针对不同的风险,制定具体的控制措施和管控责任制度。加强道路运输风险管理。重点对长途客运、旅游包车、危险化学品运输、客货站场以及营运环境、运输线路、车辆安全性能、车辆动态监管等进行风险源辨识、评估,优化管理、有效控制。⑤加强应急演练和处置能力建设。针对可能导致发生事故的安全生产风险,特别是重大风险源,制定相应的应急预案并加强应急演练。加强应急处置能力建设,按照要求配置应急设施设备和物资,构建平时服务、急时应急的应急保障体系。确保遇突发事件,及时启动相应的应急预案,有序高效处置。

3.《公路水路行业安全生产风险管理暂行办法》(交安监发〔2017〕60 号)

2017 年 5 月 5 日，交通运输部印发了《公路水路行业安全生产风险管理暂行办法》，包括总则，分类分级，辨识、评估与控制，监督管理，附则共 5 章，50 条(见附录一)。

4.《交通运输安全生产隐患排查治理攻坚行动方案》(交安委〔2015〕7 号)

2015 年 7 月 24 日，交通运输部印发了《交通运输安全生产隐患排查治理攻坚行动方案》，方案涉及安全风险管控的要求："全面落实安全生产隐患排查治理和安全风险管控主体责任，深入推进'平安交通'和安全体系建设，促进交通运输安全生产形势持续稳定""制定安全生产风险辨识评估、监控监测、预防预警、应急预案、公告报备等制度""企业应制定安全生产隐患排查治理和风险管控工作责任规范，逐级明晰主管领导、责任部门和岗位责任人的责任"。

综上所述，我国涉及风险管理的法规体系如图 1-1 所示。

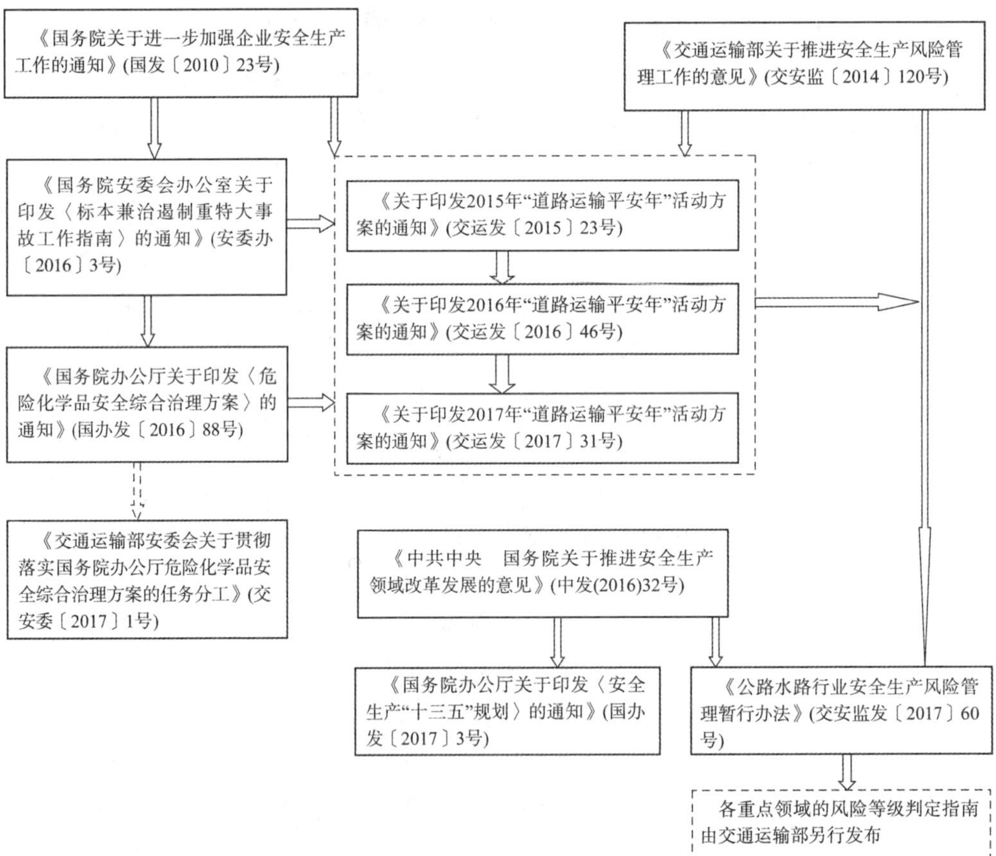

图 1-1 风险管理的法规体系

二、风险管理的标准

我国涉及风险管理的国家标准主要有：《风险管理 术语》(GB/T 23694—2013)、《风险管理原则与实施指南》(GB/T 24353—2009)、《风险管理 风险评估技术》(GB/T 27921—2011)。

风险管理的标准体系如图 1-2 所示。

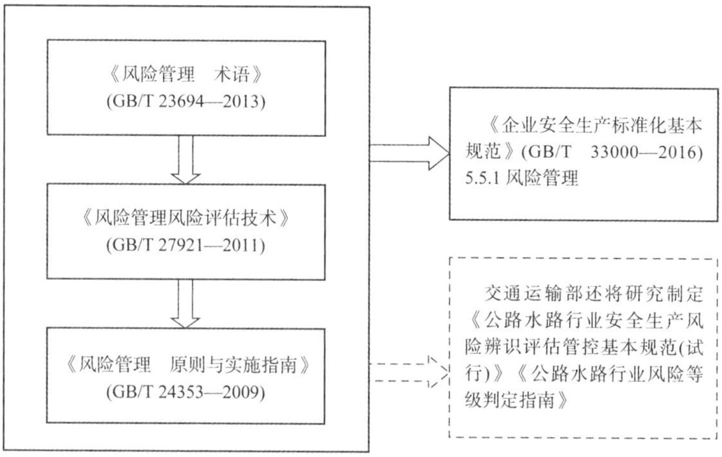

图 1-2 风险管理的标准体系

第二节 风险管理的基本概念

任何类型和规模的企业都会面临风险,包括企业从战略决策到运营的各种活动,表现在领导、战略、财务、环境、社会、声誉等各个方面。对道路运输企业而言,关系到运输安全。而掌握风险管理的基本概念,对于开展风险管理工作尤为重要,本节重点介绍风险和风险管理的概念。

一、风险的概念

(一)风险

不同学科、不同行业对风险有不同的定义。风险是发生安全生产事故的可能性,但也有可能使预期目标向正面发展。如"股市有风险,入市需谨慎"。炒股有"风险",但其"风险"可能让人赔钱,也可能让人赚钱。这就体现了风险的正面性和可控性。同样,风险可能演变为生产安全事故,也可以向好的方向发展——生产安全。

《风险管理 术语》(GB/T 23694—2013)(以下简称《术语》)2.1 将风险定义为"不确定性对目标的影响"。同时作了以下说明:

注 1:影响是指偏离预期,可以是正面和/或负面的。

注 2:目标可以是不同方面(如财务、健康与安全、环境等)和层面(如战略、组织、项目、产品和过程等)的目标。

注 3:通常用潜在事件(4.5.1.3)[1]、后果(4.6.1.3)或者两者的组合来区分风险。

注 4:通常用事件后果(包括情形的变化)和事件发生可能性(4.6.1.1)的组合来描述

[1] 此为《风险管理 术语》(GB/T 23694—2013)中的条款号,后同。

风险。

注5：不确定性是指对事件及其后果或可能性的信息缺失或了解片面的状态。

结合对影响和不确定性的说明，可以将风险进一步理解为：由于对某事件及其后果、可能性的信息缺失或了解片面，使目标偏离预期（正面和/或负面）——“风险定义（一）”，如图1-3所示。

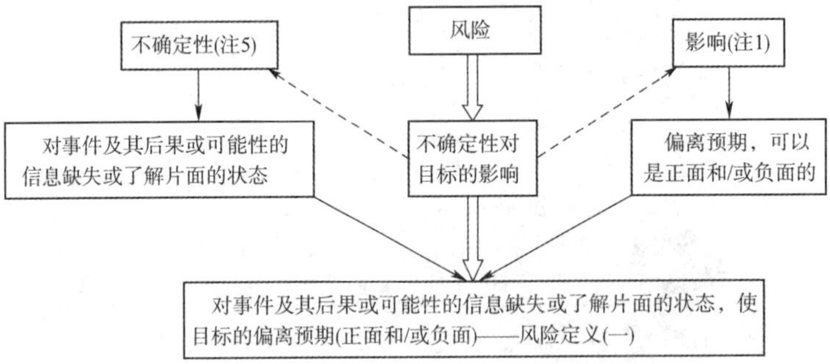

图1-3　风险定义（一）

其中“事件、后果、可能性”的概念如下。

（1）事件，某一种情形的发生或变化。《术语》对“事件”作了以下说明：

注1：事件可以是一个或多个情形，并且可以由多个原因导致。

注2：事件可以包括没有发生的情形。

注3：事件有时可称为“事故”。

注4：没有造成后果的事件还可以称为“未遂事件”“事故征候”“临近伤害”“幸免”。

（2）后果，某事件对目标影响的结果。《术语》对“后果”作了以下说明：

注1：一个事件可以导致一系列后果。

注2：后果可以是确定的，也可以是不确定的，对目标的影响可以是正面的，也可以是负面的。

注3：后果可以定性或定量表述。

注4：通过连锁反应，最初的后果可能升级。

（3）可能性，某事件发生的机会。《术语》对“可能性”作了以下说明：

注1：无论是以客观的或主观的、定性或定量的方式来定义、度量或确定，还是用一般词汇或数学术语来描述（如概率，或一定时间内的频率），在风险管理的术语中，“可能性”一词都用来表示某事发生的机会。

注2：“可能性”这一英语词汇在一些语言中没有直接与之对应的词汇，因此经常用“概率”这个词代替。不过，在英语中，“概率”常常被狭义地理解为一个数学词汇。因此，在风险管理术语中，“可能性”应该有着与许多语言中使用的“概率”一词相同的解释，而不局限于英语中“概率”一词的意义。

根据事件、后果、可能性的定义，在“风险定义（一）”的基础上，可以进一步将风险理解为“由于对‘某一种情形的发生或变化’及其‘某事件对目标影响的结果’或‘某事件发生的机会'的信息缺失或了解片面的状态,使目标偏离预期(正面或负面)"。鉴于事件是"某一种情形的发生或变化",为了便于理解,可将其简化为通俗的说法,即事件是"某一事情的发生(变化)"。因此,风险也可以定义为"由于对某一事情的发生(变化)及其结果、机会的信息缺失或了解片面,可能使对目标偏离预期(正面或负面)"——风险定义(二),如图1-4所示。

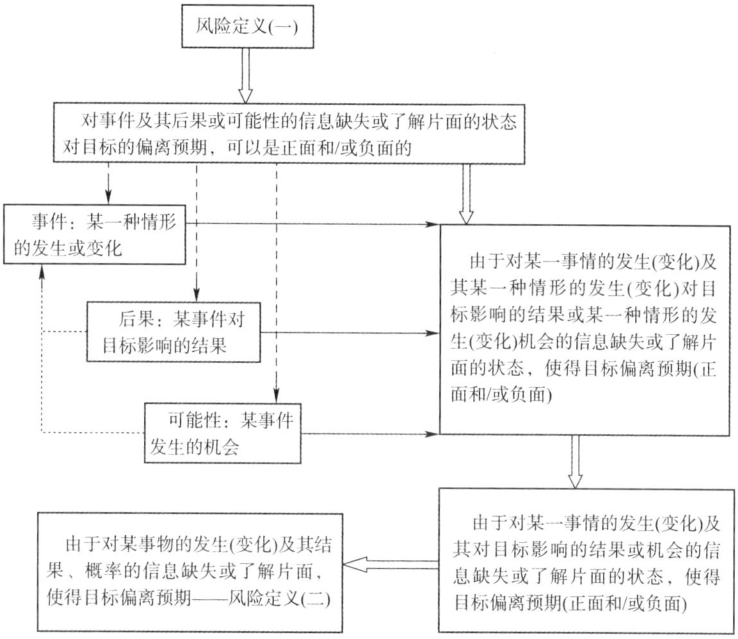

图1-4 风险定义(二)

综上所述,风险的概念可归纳为"由于对某事物的发生(变化)及其结果、概率的信息缺失或了解片面,使得目标偏离预期",且风险是可控的、预期可以是正面和/或负面的,如图1-5所示。

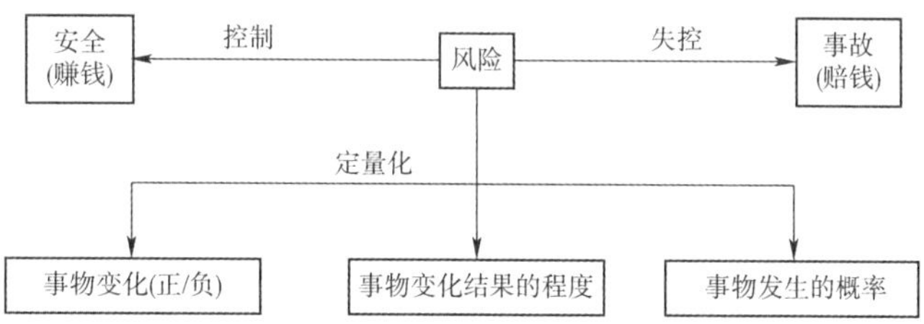

图1-5 风险的概念

危险货物道路运输行业有关人士也应了解,风险不仅是发生事故的可能性,而且结果也有正面的。

知识链接

风险的其他表述

风险还有如下不同的表述。

(1)风险,就是生产目的与劳动成果之间的不确定性,大致有两层含义:一种强调了风险表现为收益不确定性;而另一种则强调风险表现为成本或代价的不确定性,若风险表现为收益或者代价的不确定性,说明风险产生的结果可能带来损失、获利或是无损失也无获利,属于广义风险,所有人行使所有权的活动,应被视为管理风险,金融风险属于此类。而风险表现为损失的不确定性,说明风险只能表现出损失,没有从风险中获利的可能性,属于狭义风险。风险和收益成正比,所以一般积极进取的投资者偏向于高风险是为了获得更高的利润,而稳健型的投资者则着重于安全性的考虑。

(2)风险是指在某一特定环境下,在某一特定时间段内,某种损失发生的可能性。风险是由风险因素、风险事故和风险损失等要素组成的。即在某一个特定时间段里,人们所期望达到的目标与实际出现的结果之间产生的距离称之为风险。

(3)《中央企业全面风险管理指引》(国务院国有资产监督管理委员会,2006 年 6 月 6 日)中指出,企业风险是指未来的不确定性对企业实现其经营目标的影响,一般可分为战略风险、财务风险、市场风险、运营风险、法律风险等;也可以能否为企业带来盈利等机会为标志,将风险分为纯粹风险(只有带来损失一种可能性)和机会风险(带来损失和盈利的可能性并存)。

(4)《公路水路行业安全生产风险管理暂行办法》(交安监发〔2017〕60 号)中指出,公路水路行业安全生产风险是指生产经营过程中发生安全生产事故的可能性。

(二)风险源

《风险管理 术语》(GB/T 23694—2013)4.5.1.1 将风险源定义为“可能单独或共同引发风险的内在要素”。风险源可以是有形的,也可以是无形的;单独的风险可以视为风险源,多个风险也可以组成风险源。危险货物道路运输行业风险和风险源的关系如图 1-6 所示。

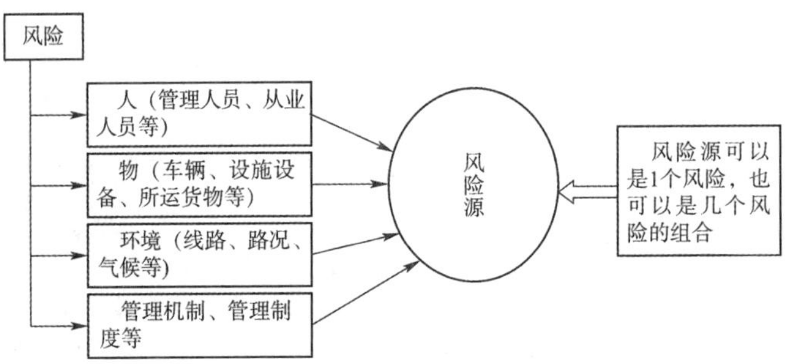

图 1-6　危险货物道路运输行业风险与风险源的关系

例如,对于危险行业(如石油、化工等),可能具体的企业(如炼油厂)就是危险源;对于一个企业,可能某个车间、仓库就是危险源;对于一个车间系统,可能某台设备就是危险源。因此,分析危险源应按系统的不同层次来进行。

知识链接

风险源是客观存在的,可能造成人员伤亡、环境破坏、负面社会影响、财产损失的交通基础设施、运输装备、建设工程。

注:1. 风险源是风险的载体,在一定的触发因素作用下,可能引发风险事件。

2. 风险源是独立的管理实体、是多个不可分割的风险单元的组合,有明确的管理单位及管理内容等。

该表述,强调了风险源的客观性和造成伤亡、破坏等负面影响的“运输装备”。

(三)风险等级

风险源分级标准拟采取定性与定量相结合的方法,如 LEC 方法。具体的风险事件概率可采用专家打分、历史事件统计等定性方法,危害程度可采用历史同类事件最大值等定量评价方法,管理控制难度可采取经费投入、技术手段等定量计算方法。

《国务院安委会办公室关于印发〈标本兼治遏制重特大事故工作指南〉的通知》(安委办〔2016〕3 号)要求,在深入总结分析重特大事故发生规律、特点和趋势的基础上,每年排查评估本地区的重点行业领域、重点部位、重点环节,依据相应标准,分别确定安全风险“红、橙、黄、蓝”(红色为安全风险最高级)4 个等级……

(四)风险与危险、重大危险源、事故隐患等相关概念的区别

1. 危险

《风险管理 术语》(GB/T 23694—2013)规定,危险是指潜在伤害的来源,其可以是一类风险源;风险源是指可能单独或共同引发风险的内在因素,其可以是有形的,也可以是无形的。因此,从风险管理中,危险和风险源的概念一般可以通用,但风险源的概念更侧重于引发风险的根源,而危险则是相对的概念。例如,疲劳驾驶可以界定为运输过程中的危险,但不能界定其为风险源,而睡眠不足、工作时间过长则可以被界定为风险源。

2. 重大危险源

《安全生产法》第一百一十二条规定,重大危险源是指“长期地或者临时地生产、搬运、使用或者储存危险物品,且危险物品的数量等于或者超过临界量的单元(包括场所和设施)”。

原国家安全生产监督管理总局根据自己的职责,制定了《危险化学品重大危险源监督管理暂行规定》《危险化学品重大危险源辨识》(GB 18218—2009),但其不适用危险化学品运输,即不适用危险货物道路运输。

知识链接

《安全生产法》重大危险源定义中的“搬运”是否包括运输,存在两种看法:

(1)搬运和运输在概念上存在本质区别,搬运更多是在运输前后的装卸环节,并且是在特定的区域开展;

(2)危险货物道路运输过程中,如有超过危险化学品临界值的,是否属于“流动的重大危险源”,还应请示道路运输主管部门予以确定。

3. 事故隐患

《安全生产事故隐患排查治理暂行规定》(国家安全生产监督管理总局令 2007 年第 16 号)规定,事故隐患是指生产经营单位违反安全生产法律、法规、规章、标准、规程和安全生产管理制度的规定,或者因其他因素在生产经营活动中存在可能导致事故发生的物的危险状态、人的不安全行为和管理上的缺陷。

目前,针对危险货物道路运输重大事故隐患的判断标准还未制定,但从可量化角度判断重大事故隐患,可以参照《最高人民法院　最高人民检察院关于办理危害矿山生产安全刑事案件具体应用法律若干问题的解释》的规定,将“重大事故”界定为下列情形:①造成死亡一人以上,或者重伤三人以上的;②造成直接经济损失一百万元以上的;③造成其他严重后果的。

相关链接

《生产过程危险和有害因素分类与代码》(GB/T 13861—2009)3.2 中,危险和有害因素,是指可对人造成伤亡、影响人的身体健康甚至导致疾病的因素。

从上述概念的界定中可以看出,《风险管理　术语》(GB/T 23694—2013)在风险管理过程中使用了风险、风险源、危险的概念。而重大危险源的概念则适用于危险化学品的生产、储存等环节,并且有明确的量化标准。事故隐患的概念目前则在《安全生产法》以及原国家安全生产监督管理总局的若干部门规章或文件中予以使用。危险和有害因素的概念则是用于生产过程中可能对人造成伤害、死亡事故的原因分析,落脚点在于对人的伤害,不包括对财产、环境的损害。就概念的相关性而言,危险与事故隐患的内涵基本相同的,都是探究不良后果(事故)发生的原因,只是使用语境不同。

二、风险管理的概念和框架

(一)风险管理的概念

风险管理是指,在风险方面指导和控制组织的协调活动。风险管理是社会组织或者个人用以降低风险的消极结果的决策过程,通过风险识别、风险估测、风险评价,并在此基础上选择与优化组合各种风险管理技术,对风险实施有效控制和妥善处理风险所致损失的后果,从而以最小的成本收获最大的安全保障。

风险管理含义的具体内容包括:

(1)风险管理的对象是风险。

(2)风险管理的主体可以是任何组织和个人,包括个人、家庭、组织(包括营利性组织和非营利性组织)。

(3)风险管理的过程包括风险识别、风险估测、风险评价、选择风险管理技术和评估风险管理效果等。

(4)风险管理的基本目标是以最小的成本收获最大的安全保障。

(5)风险管理成为一个独立的管理系统,并成为一门新兴学科。

风险管理的主要工作是,风险源辨识、评估、管控以及教育培训和监督检查(图1-7)。

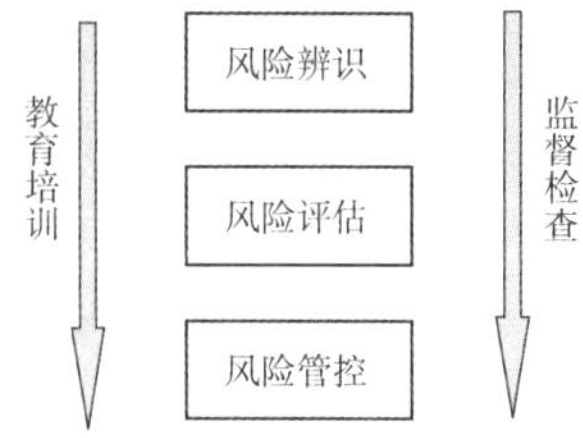

图1-7 风险管理的主要工作

(二)风险管理的框架

根据《风险管理原则与指南》(IS/ISO 31000:2009),风险管理的框架包括指令和承诺、风险管理框架设计、实施风险管理、框架的检查和评审以及框架的持续改进。

(1)指令和承诺是指组织管理者对风险管理的整个过程给予强有力和持续的承诺,以确保风险管理持续有效实施,并且为实现承诺在所有层次的战略和策划都宜与风险管理的要求相适应。

(2)风险管理框架设计是指在具体实施风险管理过程之前,需要对整个风险管理的环节如何开展信息沟通、资源配置,如何与其他战略规划进行相衔接等进行设计。这个框架包括以下内容:明确风险管理的内外部状况,包括外部的法律、标准、外部利益相关者的要求和价值观等,以及内部的组织管理结构、文化、管理职责划分等情况;并在掌握内外部状况的基础上提出风险管理的方针;通过人员配置、职责分工、逐级风险上报制度等途径,确保具备管理风险的责任、权限和适当的能力;将风险管理整合纳入到组织发展的战略发展以及各个实施计划过程中;为风险管理配置适当的人力、培训等资源;建立内部沟通和报告机制,用于支持和促进风险的责任和归属;制定和实施一个关于如何与外部利益相关方沟通的计划。

(3)实施风险管理是整个风险管理框架中的重点,包括在结合组织实施风险管理的内外部面临的环境并确定风险准则的基础上,开展风险辨识(识别)、风险分析、风险评价以及后续的风险处理过程,以及在实施过程中与内外部人员或利益相关者的沟通和协商、每个风险管理实施环节的监测和评审。

其中,风险辨识是识别风险源、影响区域、事件(包括环境变化)以及致因和潜在后果的活动。目的是产生一个基于哪些可能产生、增强、阻碍、加快或推迟目标实现的事件的风险的综合表格。综合识别是非常重要的,因为,此阶段没有识别的风险将不会包含在进一步的分析中。

风险分析是在风险辨识的基础上,运用定性、半定量、定量的风险评估方法对不同事件带来的后果及可能性进行分析,以确认其风险程度的过程。

风险评价是基于风险分析结果,将风险分析过程中确定的风险程度与风险准则进行比较,作出有关风险是否需要处理或优先处理的决策。

风险处理则是选择一种或几种修正风险的方案并予以实施。通常,对风险的处理有规避风险、预防风险、保留风险和转移风险等四种方法。其处理的基本原则是以最小的成本获得最大的保障。

①规避风险。规避风险是指主动避开损失发生的可能性。该方法明显具有很大的局限

性，因为并不是所有的风险都可以回避或应该进行回避。

②预防风险。预防风险是指采取预防措施，以减小损失发生的可能性及损失程度。该方法涉及一个现时成本与潜在损失比较的问题，若潜在损失远大于采取预防措施所支出的成本，就应采用预防风险手段。

③保留风险。保留风险是指自己非理性或理性地主动承担风险。该方法一般适用于处理发生概率小，且损失程度低的风险。

④转移风险。转移风险是指通过某种安排，把自己面临的风险全部或部分转移给另一方。通过转移风险而得到保障，是应用范围最广、最有效的风险管理手段，保险就是其中之一。

框架的监测和评审是分析、比较已实施的风险管理方法的结果与预期目标的契合程度，以此来评判风险管理实施的科学性、适应性和收益性。

框架的持续改进是基于监督和评审结果，作出可以改进风险管理框架、方针和计划的决策。这些决策可以使得风险管理和风险管理文化得到进一步改进。

风险管理框架如图 1-8 所示。

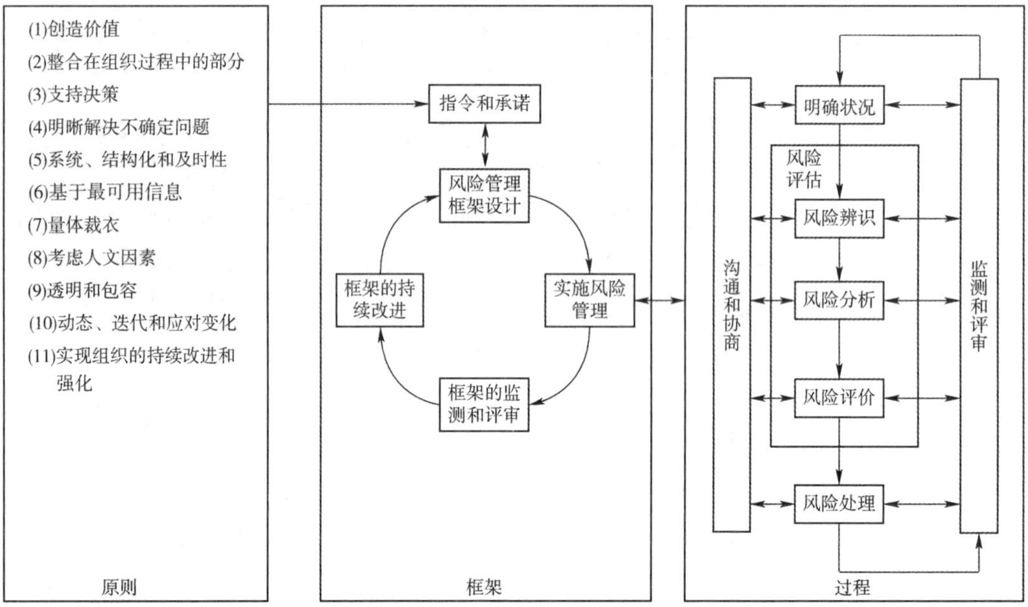

图 1-8　风险管理框架图

相关链接

《风险管理　术语》(GB/T 23694—2013)3.1.1 中，风险管理框架，是指为设计、执行、监督、评审和持续改进整个组织的风险管理提供基础和组织安排的因素集合。

注：1. 基础包括管理风险的方针、目标、授权和承诺。

2. 组织安排包括计划、关系、责任、资源、过程和活动。

3. 风险管理框架是嵌入组织的整体战略、运营政策以及实践当中的。

(三)风险处理的方式

风险处理的方式共有七种,包括:风险承担、风险规避、风险转移、风险转换、风险对冲、风险补偿和风险控制。

1. 风险承担

风险承担亦称风险保留、风险自留,是指企业对所面临的风险采取接受的态度,从而承担风险带来的后果。

对未能辨识出的风险,企业只能采用风险承担。对于辨识出的风险,企业也可能由于以下几种原因采用风险承担:

(1)缺乏能力进行主动管理,对这部分风险只能承担。

(2)没有其他备选方案。

(3)从成本效益考虑,这一方案是最适宜的方案。

对于企业的重大风险,即影响到企业目标实现的风险,企业一般不应采用风险承担。

2. 风险规避

风险规避是指企业回避、停止或退出蕴含某一风险的商业活动或商业环境,避免成为风险的所有人。例如:

(1)退出某一市场以避免激烈竞争。

(2)拒绝与信用不好的交易对手进行交易。

(3)外包某项对工人健康安全风险较高的工作。

(4)停止生产可能有潜在客户安全隐患的产品。

(5)禁止各业务单位在金融市场进行投机。

(6)不准员工访问某些网站或下载某些内容。

3. 风险转移

风险转移是指企业通过合同将风险转移到第三方,企业对转移后的风险不再拥有所有权。转移风险不会降低其可能的严重程度,只是从一方移除后转移到另一方。例如:

(1)保险型的风险转移:保险合同规定保险公司为预定的损失支付补偿,作为交换,在合同开始时,投保人要向保险公司支付保险费。

(2)非保险型的风险转移:将风险可能导致的财务风险损失负担转移给非保险机构。例如,服务保证书等。

(3)风险证券化:通过证券化保险风险构造的保险连接型证券(ILS)。这种债券的利息支付和本金偿还取决于某个风险事件的发生或严重程度。

4. 风险转换

风险转换是指企业通过战略调整等手段将企业面临的风险转换成另一个风险。风险转换的手段包括战略调整和衍生产品等。

风险转换一般不会直接降低企业总的风险,其简单形式就是在减少某一风险的同时,增加另一风险。如通过放松交易客户信用标准,增加了应收账款,但扩大了销售。企业可以通过风险转换在两个或多个风险之间进行调整，以达到最佳效果。风险转换可以在低成本或者无成本的情况下达到目的。

5. 风险对冲

风险对冲是指采取各种手段，引入多个风险因素或承担多个风险，使得这些风险能够互相对冲，也就是使这些风险的影响互相抵消。常见的例子有资产组合使用、多种外币结算的使用和战略上的多种经营等。在金融资产管理中，对冲也包括使用衍生产品，如利用期货进行套期保值。在企业的风险中，有些风险具有自然对冲的性质，应当加以利用。如不同行业的经济周期风险对冲。风险对冲必须涉及风险组合，而不是对单一风险；对于单一风险，只能进行风险规避、风险控制。

6. 风险补偿

风险补偿是指企业对风险可能造成的损失采取适当的措施进行补偿，表现在企业主动承担风险，并采取措施以补偿可能的损失。风险补偿的形式有财务补偿、人力补偿、物资补偿等。财务补偿是损失融资，包括企业自身的风险准备金或应急资本等。

（1）对于无法通过风险转移、风险转换、风险对冲或风险控制进行管理，而且又无法规避、不得不承担的较重大风险，投资者可以采取在交易价格上附加风险溢价，即通过提高风险回报的方式，获得承担风险的价格补偿。商业银行可以预先在金融资产定价中充分考虑到各种风险因素，通过价格调整来获得合理的风险回报。

（2）当意外损失发生后，企业无法依靠内部资金度过财务危机时，企业可以向银行寻求特别贷款或从其他渠道融资。由于风险事故的突发性和损失的不确定性，企业也可以在风险事故发生前，与银行达成一项应急贷款协议，一旦风险事故发生，企业可以获得及时的贷款应急，并按协议约定条件还款。

（3）建立专业自保公司。这是企业实行风险补偿的高级形式。

（4）建立意外损失基金。企业根据风险评估所了解的风险特征，并根据企业本身的财务能力，预先提取以补偿风险事件所致损失的一种基金。这种方式通常处理那些可能引起较大损失，但这一损失又无法摊入经营成本的风险。例如，对大额应收账款计提坏账准备金。

从以上的分析可以看出，风险补偿的主要特征有：事前性、重大性、主动性、内部及外部资源。

7. 风险控制

风险控制是指控制风险事件发生的动因、环境、条件等，以达到减轻风险事件发生时的损失或降低风险事件发生的概率的目的。通常影响某一风险的因素有很多。风险控制可以通过控制这些因素中的一个或多个来达到目的，但主要的是风险事件发生的概率和发生后的损失。风险控制对象一般是可控风险，包括多数运营风险，如质量、安全和环境风险，以及法律风险中的合规性风险。

第二章　公路水路行业安全生产风险管理

《公路水路行业安全生产风险管理暂行办法》(以下简称《办法》)针对性强、可操作性强,是指导交通运输管理部门和企业如何实施安全生产风险管理,如何建立健全安全生产风险管理体制机制,如何确保安全生产风险管理工作能科学规范实施,取得实实在在效果的规范性文件。同时,从目的和范围、定义、分类分级、工作责任、风险辨识评估和监督管理6个方面对风险管理进行了阐述,并建立的较为完整的工作机制;对相关的定义、责任、程序和实施要求做了很多技术性的规范,这些也都是行业实施安全生产风险管理的重要基础。总的来说,《办法》对安全生产风险管理工作既是制度上的顶层设计,也是对运行落地的具体工作要求。

《办法》适用于所有企业,包括配有5辆车的小型危险货物道路运输企业。

第一节　公路水运安全生产风险的基本要求

一、《办法》的目的和适用

《办法》的制定是为了加强公路水路行业安全生产风险管理,规范安全生产风险辨识、评估与管控工作,防范和遏制安全生产事故;适用于公路水路行业安全生产风险辨识、评估、管控及其监督管理工作,如图2-1所示。《办法》明确了安全风险辨识、评估范围、管控和方式、程序。

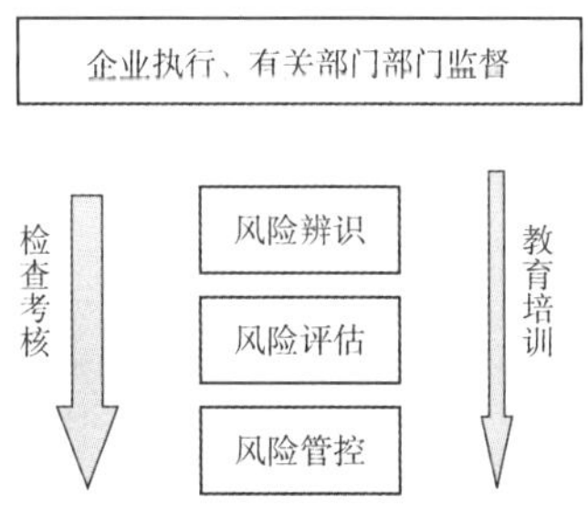

图2-1　《办法》适用范围

二、风险的定义

根据国际、国内有关安全生产相关标准规范,结合现有各地管理和实践经验,以及有关单位科研成果,同时综合考虑交通运输公路水运生产经营活动和风险的特点和实际情况,《办法》规定,公路水路行业安全生产风险是指生产经营过程中发生安全生产事故的可能性,具有客观(不可消除)、可识别、可控和不确定性。这里的可能性包含风险导致发生安全生产事故概率和发生安全生产事故后果严重程度的不确定性。故风险是危险、危害事件发生的可能性与损失后果严重程度的综合评价。同时,《办法》结合公路水运安全生产的特点,强调了风险的负面影响。

三、责任界定、风险等级

《办法》明确了安全生产风险管理工作责任的界定、风险等级。

1. 实施主体

《安全生产法》等有关规定，明确生产经营单位是安全生产风险管理的实施主体，应严格落实重大风险的辨识、评估与管控责任，积极推进重大风险以外的安全生产风险管理。

2. 管理部门职责

《办法》在不改变法定责任的基础上，对相关管理部门的监督管理责任进行了界定，明确交通运输管理部门的职责主要是指导管辖范围内风险管理工作，包括制定有关政策、标准和工作措施；属地负有安全生产监督管理职责的交通运输管理部门负责重大风险管控工作的监督，督促生产经营单位落实重大风险的治理、管控和报备。

3. 风险分级

参照国务院安委会的有关要求，《办法》按照可能导致安全生产事故的后果和概率，将安全生产风险由高到低依次分为重大、较大、一般和较小四个等级（表2-1 和图2-2）。

风险源分级　　表2-1

风险源等级	重大风险	较大风险	一般风险	较小风险
颜色	红	橙	黄	蓝

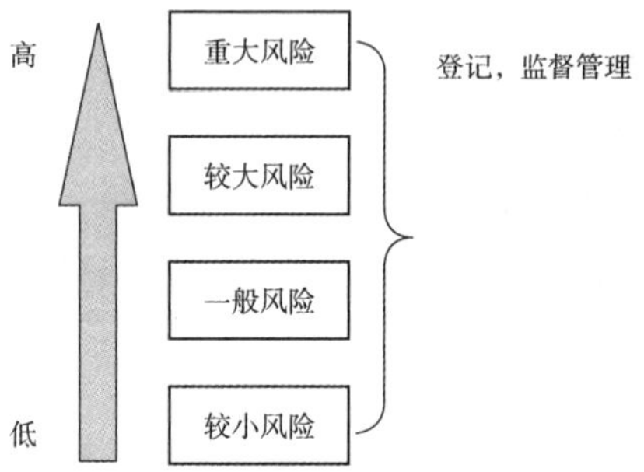

图2-2　风险等级

（1）重大风险，是指一定条件下易导致特别重大安全生产事故的风险。

（2）较大风险，是指一定条件下易导致重大安全生产事故的风险。

（3）一般风险，是指一定条件下易导致较大安全生产事故的风险。

（4）较小风险，是指一定条件下易导致一般安全生产事故的风险。

以上同时满足两个以上条件的，按最高等级确定风险等级。

鉴于交通运输安全生产涉及领域多、环节多，风险类型复杂、区别较大，《办法》作为行业双重预防机制建设的顶层设计，为与行业各项安全生产工作有效衔接，仅对安全生产风险的分级作出原则性的指导，具体分级的判定指南需由各业务领域进行具体规定。同时，交通运输部将另行发布风险等级判定指南。

第二节　风险管理

一、风险辨识

生产经营单位开展安全风险辨识，应从人、设施设备、环境和管理等方面针对影响发生安全生产事故及其损失程度的致险因素进行。

《办法》第十一条要求，风险辨识手册由生产经营单位针对本单位生产经营活动范围及其生产经营环节，按照相关法规标准要求进行编制（图2-3）。

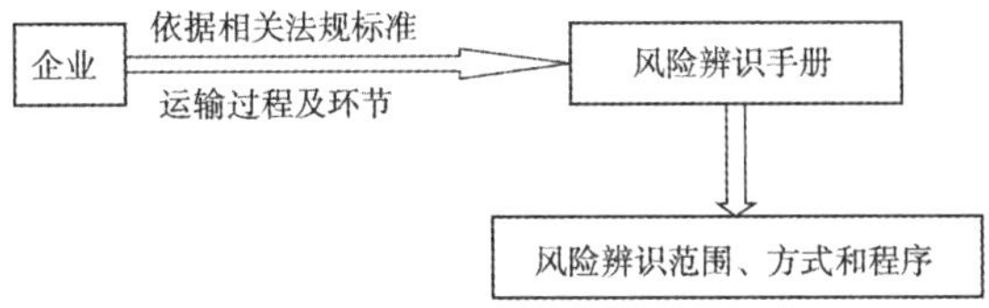

图2-3　风险辨识手册

《办法》第十二条要求，生产经营单位风险辨识应针对影响发生安全生产事故及其损失程度的致险因素进行。致险因素，是指导致各类风险事件发生，影响其发生的可能性、损失程度和不良社会影响的潜在原因或条件，主要包括可能产生负面结果的交通运输安全生产风险源自身的客观属性及其常态运行环境的“人、机、法、环”等因素。一般包含以下方面：

（1）从业人员安全意识、安全与应急技能、安全行为或状态。

（2）生产经营基础设施、运输工具、工作场所等设施设备的安全可靠性。

（3）影响安全生产外部要素的可知性和应对措施。

（4）安全生产的管理机构、工作机制及安全生产管理制度合规和完备性。

风险事件，是指风险源发生管控目标外的事件，造成人员伤亡、财产损失或环境破坏，包括自然灾害、社会影响等事件或安全生产事故。

《办法》第十三条要求，生产经营单位安全生产风险辨识分为全面辨识和专项辨识。全面辨识是生产经营单位为全面掌握地本单位安全生产风险，全面、系统对本单位生产经营活动开展的风险辨识；专项辨识是生产经营单位为及时掌握本单位重点业务、工作环节或重点部位、管理对象的安全生产风险，对本单位生产经营活动范围内部分领域开展的安全生产风险辨识。结合危险货物道路运输业务，全面辨识和专项辨识可用图2-4表示。

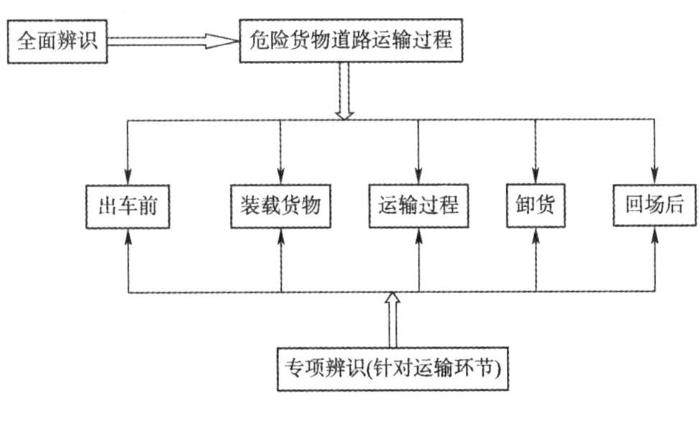

图2-4　辨识方式

根据《办法》的上述要求，结合行业特点，危险货物道路运输风险辨识的有关内容、程序如图2-5所示。危险货物道路运输企业应通过风险辨识，制订本单位的风险清单（表2-2）。

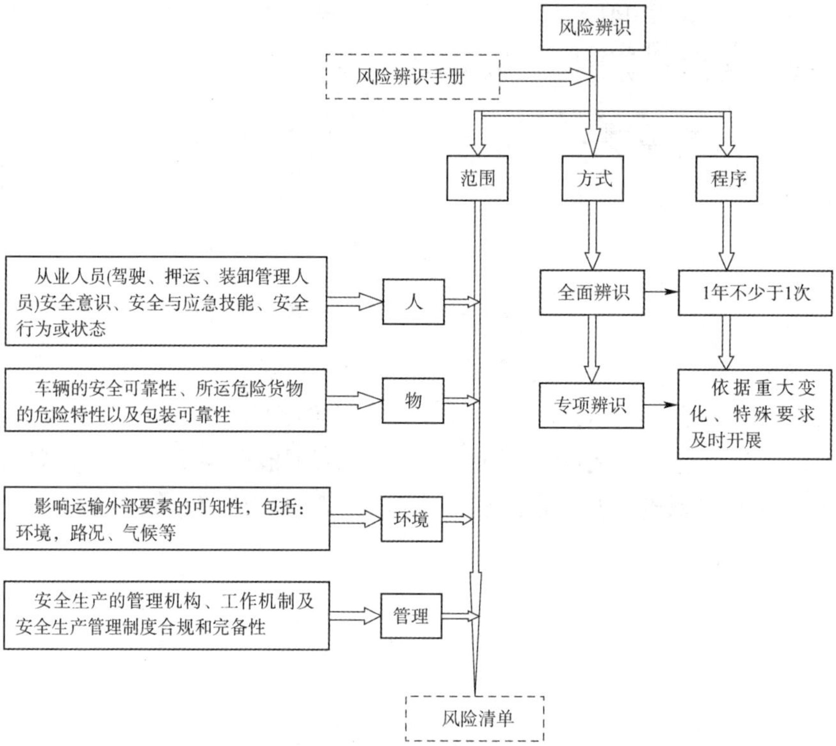

图 2-5　风险辨识

道路交通风险清单　　表 2-2

风险类别	风险因素	管理要求和措施
轮胎爆裂	轮胎上有裂纹或磨损严重	1. 驾驶人员要认真检查轮胎，及时更换； 2. 轮胎保持正常气压，不过量充气； 3. 高温天气行车，适当停车
	夏季轮胎充气过足	
	长时间行驶超过轮胎负荷	
车辆失控	制动失灵	1. 坚持对设备进行日常维护； 2. 驾驶人员每日坚持“三检”制度； 3. 行驶中加强检查，遇突发情况采取适当措施
	转向失灵	
	刮水器失灵	
驾驶人员违章	酒后驾驶、疲劳驾驶	1. 加强日常安全教育； 2. 加强路检路查； 3. 一经违章，从重处罚，直至解除劳动合同； 4. 凡因个人问题违章，由驾驶人员负责承担
	车内吸烟、接打手机	
	超速、越线行驶	
	闯红灯、走逆行	
驾车技术不熟练	新手	1. 对驾驶人员经考核合格后，再单独驾车； 2. 控制车速如遇异常情况应提前采取措施； 3. 押运员加强道路观察，时刻提醒谨慎驾驶
	判断失误、处置不当	
车辆火灾	槽车管口燃气泄漏	1. 加强驾驶人员及押运员的安全教育； 2. 加大出车前安全检查力度； 3. 发现易燃易爆物品应立即带离车外； 4. 车内严禁吸烟
	电路老化、短路、起火	
	导电不良、未配备消防器材	

续上表

风险类别	风险因素	管理要求和措施
站场内加气	站场内吸烟、接打手机等	1. 严格遵守站场防火规定； 2. 门卫加大安检力度，车辆进入站场必须安装防火罩； 3. 车辆到位安装挡车牌
	加气时人员在车上睡觉	
	在站场内修理、清扫车辆	
	疲劳过度，产生幻觉	
倒车	观察不周，视线不清	1. 加强安全行车教育和培训； 2. 倒车前，应先查看车后、车下情况，确认安全后再倒车； 3. 倒车时，押运人员在车后指挥； 4. 倒车时速度要慢
	在陡坡、道口繁华路段等易发生危险的区域倒车	
	倒车时押运人员不到位指挥	
超车、会车	开“英雄车”	1. 行车途中，控制车速，勤观察路面动态，遇异常情况应提前采取措施； 2. 定期组织岗位练兵、技术比武等活动； 3. 繁华路段会车时，应注意对方车辆尾部，随时准备停车
	判断失误	
	采取措施不当	
	道路狭窄、路况复杂	
掉头	观察不周	1. 加强驾驶人员《道路交通安全法》学习； 2. 将车辆行驶到宽敞、视线良好的安全地段掉头； 3. 掉头前，认真观察路况，并提前开启转向灯
	危险路段掉头	
	掉头未打转向灯	
停车	逆向或在不准机动车停放的行车道、人行道停车	1. 将车辆停靠在指定地点； 2. 在停车场以外临时停车时，按顺行方向靠右靠，驾驶人员不能离开车辆； 3. 在车辆停稳并仔细观察后，打开车门上、下人； 4. 长时间停车，应打开尾灯，拉紧手制动器，放置好停车警示三角牌； 5. 夜间临时停车时，应打开尾灯、示廓灯
	后车跟车过近	
	故障停车时，未在后方设置警示三角牌	
	停车下人时，未注意后面来车	
	忘记拉驻车制动器操纵杆或未拉紧驻车制动器操纵杆	
冰雪路面	道路结冰	1. 严格控制车速，适当增加横向间距和采用发动机制动的方法； 2. 配备必要的防滑链条； 3. 无花纹的轮胎应提前更换； 4. 避免急打方向，紧急制动； 5. 车速不高于 20km/h，与前车保持 50m 以上安全距离，礼让行车； 6. 检查气压制动系统排污装置，并进行排污，防止在行车中因制动系统中的水结冰，造成制动失灵
	轮胎无防滑措施	
	急转弯或紧急制动	
	车速过快	
	车辆轮胎磨损严重	
	驾驶人员缺乏冰雪路面行车安全知识和技能	

续上表

风险类别	风险因素	管理要求和措施
雨雾天气	车速过快 驾驶人员视线不清 行驶途中，未开防雾灯、防炫目近光灯或尾灯 跟车距离过近	1. 雨、雾天行驶要保持安全车距，严禁超车； 2. 要避免紧急制动，防止滑溜和甩尾； 3. 要保证刮水器正常工作； 4. 涉水后应轻踩制动； 5. 适当增加车距，打开防雾灯和示廓灯； 6. 注意山体滑坡和路基塌陷
大风沙尘天气	视线不清或沙尘进入驾驶室，使驾驶人员迷眼 大风使行人、骑车人不能自控，或行人、骑车人躲避沙尘，占用机动车道行驶 大风刮断电杆（线）、树枝等	1. 大风大雨天要尽量停驶； 2. 大风天行车要控制车速，加强眺望，特别注意道路上突然出现横穿人员； 3. 关闭驾驶室门窗，防止沙尘刮入； 4. 及时清除挡风玻璃上的尘土，保证视线清晰
停车场	停车或起步前观察不周 车速过快 车辆乱停乱放 车场内空间狭窄	1. 注意观察停车场内人员和车辆的动态，主动避让； 2. 进入停车场区，车速控制在 5km/h 以内； 3. 停车场内车辆按次序停放
夜间行车	驾驶人员视线不清，对路面、车辆、行人行动判断不准 车速过快、精力不集中 车灯损坏或失灵 临时停车未开示宽灯 行车、会车时太靠路边，或对后车判断不准	1. 夜间行驶，应保证灯光，信号良好，适当降低行驶速度； 2. 驾驶人员应保持旺盛的精力，严禁疲劳驾驶； 3. 夜间调头、倒车时要注意车辆和行人，确认周围安全后再进行 4. 临时停车，打开示宽灯和尾灯； 5. 正确使用远光、近光灯，当感到对面来车眩目时，交替使用远近光灯示意对面来车驾驶人员，如对方仍未用近光灯，应减速靠右侧慢行； 6. 控制车速，尽量不超车
城镇公路、乡间公路	机动车与非机动车、行人不分道行驶 道路上摊晒物品 车速快，异常情况处理不及，路旁树木、房屋多，遮挡视线时 集市贸易摊位占据道路 农用车、摩托车、非机动车、行人等争道抢行 用湿抹布擦拭电器，造成触电	1. 驾驶人员在城镇公路行车时，应主动减速避让过往车辆，尽量不超车； 2. 驾驶人员精力集中，时刻注意行人动向，对异常情况应尽早采取相应措施； 3. 行车经过路口时，将车速降至 30km/h 内，确认安全后再通过； 4. 在通过集市时，注意各种车辆和行人动向； 5. 掌握好前后车之间的距离，发出的停车或转弯信号

续上表

风险类别	风险因素	管理要求和措施
车辆维护	车辆维护不当	1. 定期维护车辆，使其处于良好的技术状态； 2. 对车辆故障不得隔夜维修，更不能带故障运行
	车辆维修没有达到要求	
机械伤人	未放置掩木，车溜滑伤人	1. 严禁停车后立即打开水箱盖，须待发动机冷却后方可打开； 2. 落千斤顶前，确认安全后将千斤缓缓落下； 3. 作业过程中，必须在所更换钢板后端大梁上和钢板前端大梁上两处适当位置支好千斤顶和支撑铁凳，确保安全可靠
	千斤顶未支稳，又无可靠支撑，车身下落	
	修理工在车底修车时，其他人员随意起动车辆	
工具伤人	工具松动、打滑，滑脱	1. 保持工具清洁无油污，使用时戴好防护手套； 2. 工具放入工具盒，零配件放入零件盘，做到工完料净场地清； 3. 大锤、榔头使用前应检查锤把是否牢靠； 4. 工作过程中严禁使用脆硬材料，对工件进行剧烈冲击； 5. 两人以上配合搬动时，传接时双方密切配合
	使用大锤、榔头时，姿势不正确或锤头固定不牢	
	拆装轴承时，使用脆硬工具冲击轴承座，铁屑或工具崩裂飞出	
	电气焊作业时，工作面附近未做必要防护	
检修线路	电器线路老化，电器设备短路、起火	1. 作业前先断电，严格检查线路； 2. 加强安全知识和操作技术培训； 3. 严格按规程操作
	操作不当造成短路、起火	
	导线搭铁不良，起火花	
高温物体、液体	热车打开水箱盖检查时溅灼伤身体	1. 禁止热车时开启水箱盖和擦拭发动机； 2. 加强对驾驶人员和维修人员的教育，提高自我防护能力
	热车放机油溅灼伤身体	
	热车时擦拭或检查调整发动机灼伤身体	

二、风险评估

《办法》第十五条要求，生产经营单位应依据风险等级判定指南，对风险清单中所列风险进行逐项评估，确定风险等级以及主要致险因素和控制范围。风险等级判定指南的内容如图 2-6 所示。

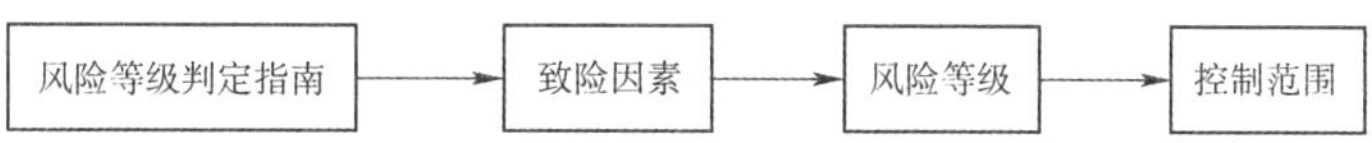

图 2-6 风险等级判定指南

第十六条要求，当风险致险因素发生变化超出控制范围的，生产经营单位应及时组织重新评估并确定等级。生产经营单位重大风险等级评定、等级变更和销号，可委托第三方服务机构进行评估或成立评估组进行评估，出具评估结论。生产经营单位成立的评估组成员应包括生产经营单位负责人或安全管理部门负责人和相关业务部门负责人、2 名以上相关专业领域具有一定从业经历的专业技术人员，如图 2-7 所示。

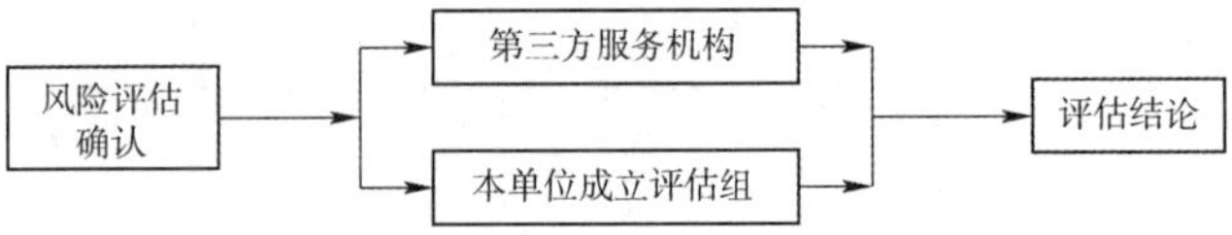

图 2-7　风险评估确认

风险评估的有关要求、程序如图 2-8 所示。

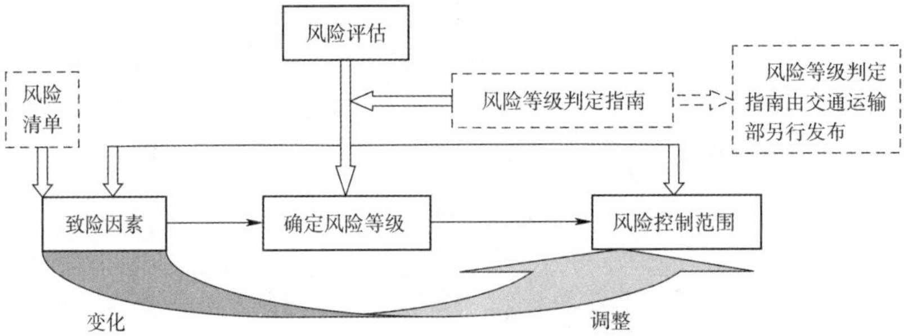

图 2-8　风险评估的有关要求、程序

定量风险评估方法参见第三章第二节相关内容。

三、管理与控制

《办法》要求，生产经营单位应依据风险的等级、性质等因素，科学制定管控措施；实施动态监控，建立风险动态监控机制，按要求进行监测、评估、预警，及时掌握风险的状态和变化趋势；严格落实风险管控措施，保障必要的投入，将风险控制在可接受范围内。具体要求如下。

1. 风险告知

生产经营单位应当将风险基本情况、应急措施等信息，通过安全手册、公告提醒、标识牌、讲解宣传等方式，告知本单位从业人员和进入风险工作区域的外来人员，指导、督促做好安全防范。

2. 紧急预案

生产经营单位应针对本单位风险可能导致的安全生产事故，制定或完善应急措施。

3. 预警与处置

当风险的致险因素超出管控范围，达到预警条件时，生产经营单位应及时发出预警信息，并立即采取针对性管控措施，防范安全生产事故发生。发生安全生产事故的，应按有关规定，及时有效处置。

4. 绩效评估

生产经营单位应对管理范围内风险辨识、评估、登记、管控、应急等情况进行年度总结和分析，针对存在的问题提出改进措施。

5. 档案管理

生产经营单位应如实记录风险辨识、评估、监测、管控等工作，并规范管理档案。重大风险应单独建立清单和专项档案。

6. 技术研究

生产经营单位应加大安全投入，积极开展风险辨识、评估、管控相关技术研究和应用，提升风险管控能力。

管控措施的有关工作流程如图 2-9 所示。

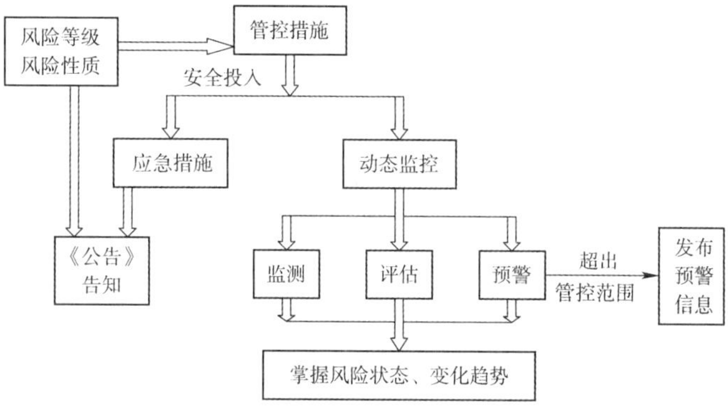

图 2-9　管控措施工作流程

由于交通运输部还未发布风险等级判定指南，故道路运输行业尚无法界定重大风险。

知识链接

《风险管理 原则与实施指南》(GB/T 24353—2009)5.1 节中，风险管理过程是组织管理的有机组成部分，嵌入组织文化和实践中，贯穿于组织的经营过程。风险管理过程由 5.2 ~ 5.5 节所描述的活动组成，即明确环境信息、风险评估、风险应对、监督和检查，如图 2-10 所示。其中，风险评估包括风险识别、风险分析和风险评价三个步骤。

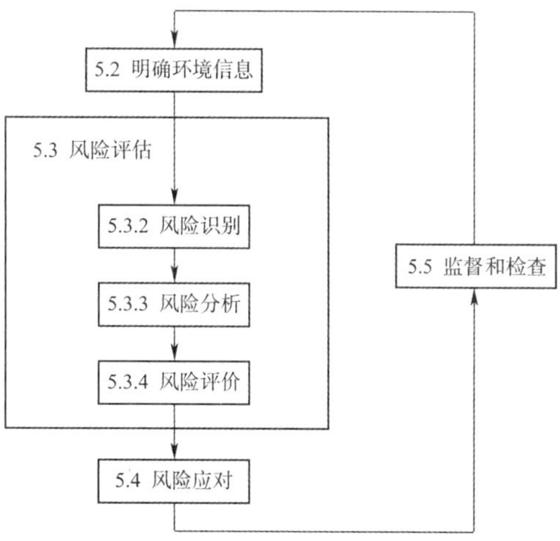

图 2-10　风险管理过程

注：本书中的"风险评估"，与标准中的"风险评估"的概念不相同。

第三章　危险货物道路运输风险管理

本章是结合交通运输部建设科技项目——跨省道路危险品运输安全风险防控与示范(以下简称《项目》)的有关内容编写的,故有些术语、程序、要求与《办法》不同。同时,《项目》对风险辨识、评估提出了定量分析的方法,更适用于大型危险货物道路运输企业。

第一节　危险货物道路运输风险管理的原则、体系、步骤

一、危险货物道路运输风险管理的原则

危险货物道路运输风险[1]可以定义为:某一运输单元在运输过程中,即从装完货到指定卸货地点期间,可能发生的货物泄漏事件[2]对利益相关者所带来的影响,即可能出现货物泄漏的概率(可能性)及其相应可能引发的人员伤亡、货物损失以及环境污染等后果的组合。

在危险货物道路运输管理过程中,引入风险管理,可以辨识、分析、评估潜在危险,引入有效的风险防控手段,可以消除或减少对人员、环境或者其他资产可能造成的伤害。危险货物道路运输风险管理的原则包括:

(1)遵章守法:严格遵守国家法律法规和标准对危险货物道路运输车辆、设备配备的要求,从业人员从业资格和培训要求,以及企业日常安全管理的要求,定期对车辆、设备进行维护和更新,加强对危险货物道路运输从业人员的安全培训,建立和完善企业的安全管理体系。

(2)履行承诺:企业必须建立从管理层到具体作业人员对降低风险的承诺体系,可以通过激励员工的方式,将风险管理融入每个企业员工的工作中。

(3)营造文化:在日复一日的实际操作中营造"降低风险文化"。企业在做管理决策和执行操作时,提出风险疑问。同时,将风险思考有机融入企业相关记录、质量控制、性能评估和培训等日常管理体系中。

(4)沟通合作:最为有效的风险管理是建立在危险货物道路运输链条中每个参与方(如托运人、包装制造商、承运人、收货人)的共同沟通配合的基础上。

(5)重点优先:在风险管理过程中可能会辨识出许多风险以及降低风险的多种方式,但风险管理的资源是有限的,因此,必须要通过分析,明确风险管理的重点。如对于风险程度较高的风险必须优先予以采取风险控制措施。

---

[1] 偷盗、恐怖袭击等治安风险不列入本书研究。

[2] 因交通事故、设备缺陷、包装不当、操作不当等原因导致危险货物溢出、遗撒、扩散。

(6)积极行动:通过具体降低风险的行动降低危险货物道路运输过程中的风险。行动选择必须要考虑风险、成本、效益、技术可操作性、预算、法律等因素。采取行动是有效风险管理的核心。

(7)持续改进:所有涉及危险货物道路运输的风险并不可能一次全部被辨识评估出来。通过履行承诺、自我评价以及技术更新,可以进一步逐步提高风险管理的有效性。

共享信息:所有参与风险管理的人员,包括公司管理层、员工、收货人、供货人、参与应急处置的人员,需要清楚知道各自的职责并且熟悉相关风险信息(如风险的特性和程度、风险控制点)。风险分析和风险降低措施的文件和宣传手册等资料可以相互共享。

二、危险货物道路运输风险管理体系

危险货物道路运输风险管理体系,主要包括以下五个部分。

1.风险评估的准备

对所涉及风险范围进行界定,明确危险货物道路运输具体实施过程(运输模式、运输工具、包装、线路等选择)、所运危险货物的材料性质及运输过程中上游和下游环节关键利益相关者可能带来的风险;确定风险管理涉及的对象(控制何种风险)和范围;现有的风险管理的措施、规定和计划;准备风险评估所需要相关数据。例如,一家大规模的危险货物道路运输企业,需要从不同的托运人、不同的启运地,运输不同的货物,到不同的收货地,这时在风险评估准备阶段就需要明确是评估公司整体运营的风险,还是评估从特定启运地的运输风险;是专注于某个具体货物运输,还是一批次运输不同危险货物运输的风险,运输线路选择的风险。对风险管理的范围界定不同,也直接决定后续需要的不同风险评估数据和后续风险评估的复杂性。风险管理的范围界定包括两部分:一是为起讫点之间运输风险的管理;二是运输线路的风险管理。

2.风险评估

在这个环节,涉及危险货物道路运输相关的危险和风险都将进行系统地分析,并根据分析结果对比现行的风险管理的措施、规定和计划,明确风险控制点。风险评估的方法可以是定量或定性分析方法,或者同时使用两种方法。风险评估可以很简单,比如用层次分析法对风险的种类和层级给出一个粗略的概念;也可以综合全面的详细分析事故发生的概率,甚至危险货物泄漏或释放的概率和量以及事故所造成的不良影响。安全、风险和具体业务操作经验在风险评估过程中也是非常重要的,在无法定量分析或者缺乏数据支撑时,运用经验采用专家赋值的定性方法也是可行的。无论是定性还是定量、简单或是复杂,风险的系统分析是制定有效风险控制策略的基础。

风险评估流程主要包括以下三个方面。

(1)风险辨识。

①识别危险货物道路运输过程中存在的危险和威胁。

②识别危险货物道路运输过程中可能发生的潜在危险事件。

③寻找每一个危险事件的原因。

④识别可以阻止危险事件发生或者降低发生概率以及(或者)减轻事件后果的安全栅和防护措施。

即围绕危险货物道路运输过程中可能存在的危险、威胁,潜在的危险事件以及相应的安全栅和防护措施开展辨识。

(2)风险分析。

识别与每个危险事件相关的事故场景,确定它们的后果和频率(如建立风险状况图)。

(3)风险评价。

①评价步骤(2)中建立的风险状况图,尽可能地将该风险与已经建立的风险接受准则比较。

②考虑备选系统和(或)运行方案。

③描述与研究对象相关的风险。

④提出风险降低措施,评价每一种措施对降低风险的影响,以及措施的成本。

⑤为风险相关的决策提供信息。

3. 风险控制与风险降低

对风险进行评估之后,风险已经被确认并被量化到一定程度,风险控制点也已确认,即可确定风险管理策略,采取风险控制和风险境降低的措施。在设计风险管理策略时要设定风险降低的优先顺序,充分考虑到风险、成本、利润、可行性及其他因素,以达到降低高风险且有效降低成本。

①决定引进新的风险降低措施还是修改现有的风险管理的措施、规定和计划。

②实施风险降低措施。

③监控风险,在合适的时候提出修改方法并进行评价。

④与利益相关人员和公众就风险问题进行沟通。

⑤进行其他与风险相关的决策,如根据现有的风险程度,运输活动是否应该进行下去?实施某种风险降低措施是否合适?在提出的多种措施当中,哪一种最合适实施?要降低风险,需要多少资金投入?

4. 具体行动

即前几步的具体执行环节,将执行所有预防方法和修正措施。

5. 检验、评估

对整个行动进行监控并检验是否有效规避或降低风险,并核实在执行过程中没有发现漏洞。有些情况下,若有必要可聘请第三方来完成检验的环节。对风险管理策略的执行情况进行检验是非常必要的,然而仅做检验是不够的。定期为风险管理策略做相应的评估评价,而且无论策略计划得如何详尽、基础分析做得如何深入等,都不能取代对绩效的实时考核。风险管理需求是不断提升的,只有对风险管理策略的设计和执行进行反复评估才能使风险管理不断进步。

综上所述,危险货物道路运输风险管理框架流程如图3-1所示。

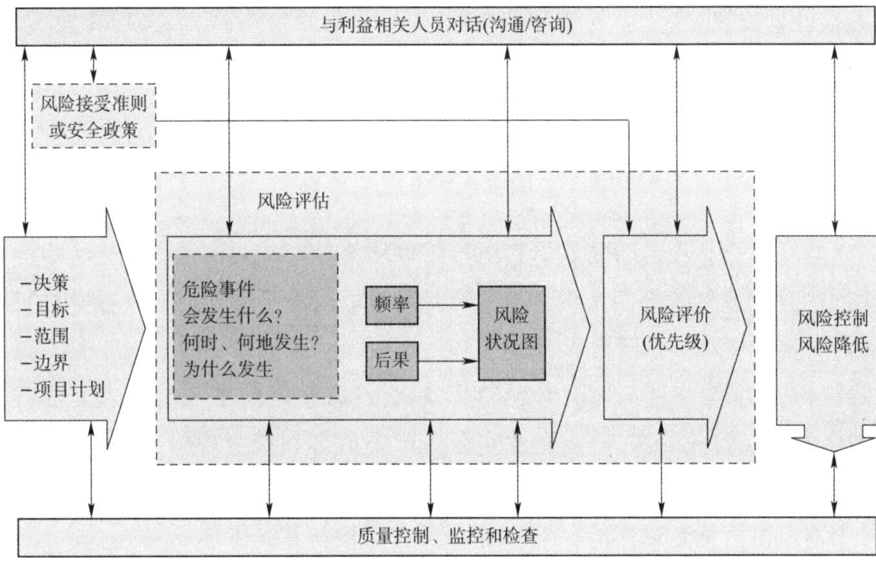

图3-1　危险货物道路运输风险管理框架流程

三、危险货物道路运输风险管理职责

风险管理涉及企业各个部门和从业人员,以下介绍企业有关部门的风险管理职责。

(一)企业各部门的主要职责

1.企业安全生产委员会

职责定位:企业风险管理与应急处置的最高决策机构,对危险货物运输风险管理工作进行顶层设计与总体管理。具体职责包括:

(1)领导企业危险货物运输风险管理的整体运作。

(2)审批本企业风险评价与管理程序、相关规章制度、人员与组织安排等。

(3)审批安全环保部提交的有关危险货物运输风险评价结果与管控建议。

(4)负责指挥企业危险货物运输事故的应急处置工作。

(5)督促各单位按各自职责分工落实风险管理制度。

(6)研究并协调解决危险货物运输风险管理与应急处置中的重大事项及有关问题。

(7)组织危险货物运输风险管理相关工作的绩效考核与奖惩。

2.企业安全管理部门

职责定位:企业安全生产与风险管理的具体组织部门,负责企业危险货物运输风险评估、管控及应急处置的日常管理工作。具体职责包括:

(1)审核各部门、各子公司填报的危险货物运输线路风险因素(风险源)及其控制措施。

(2)牵头组织危险货物运输风险识别和风险因素(风险源)更新、完善等工作。

(3)牵头组织危险货物运输风险评价指标设计与模型开发。

（4）组织开展对企业危险货物运输线路、运输全过程的风险评价，基于评价结果给出风险管控与处置计划建议。

（5）督促检查各部门、各子公司对风险评估中发现的危险隐患尽快采取措施予以规避，并对违规事项提出纠正和整改意见。

（6）组织落实企业安全生产委员会下达的危险货物运输事故应急处置指令，协调组织应急处置。

（7）负责建立健全企业危险货物运输风险管理档案。

（8）会同信息化或科技部门负责企业危险货物运输风险管理、管控平台的维护管理。

3. 各部门、各子公司

职责定位：企业安全生产与风险管理的具体执行部门，根据本部门的职责分工，组织实施职能范围内的风险管控工作，落实企业安全生产委员会和安全环保部下达的各项风险管理要求。具体职责包括：

（1）按期对危险货物运输风险因素（风险源）进行检查和完善。

（2）按期对针对危险货物运输风险源的各项风险控制措施进行检查与完善，并对其执行情况进行自查。

（3）贯彻落实企业安全生产委员会和企业安全部下达的关于事故应急处置的有关指令。

（4）贯彻落实企业安全部下达的风险管控计划与相关措施。

（5）负责建立健全本部门危险货物运输风险管理档案。

（6）负责对本部门员工进行风险管控培训，使其了解危险货物运输过程中可能存在的风险因素，并掌握防范措施及事故应急处置措施。

（二）各部门在各环节的分工与配合

1. 风险辨识环节

（1）危险货物运输一线班组负责填报"风险因素审定申请表"，填报内容至少包括风险因素名称、风险因素类型、申报单位、管理单位、存在区域/环节、风险因素描述、可能产生的风险事件/事故、检查频次依据和控制措施。

（2）各部门、各子公司安全管理员对风险因素申请进行评估作业，录入相关评估意见并报部门或子公司负责人审核。

（3）各部门或子公司负责人对本部门申报的风险因素及其控制措施进行审核，审核完毕后报公司安全管理科。

（4）安全管理科对部门或子公司报送的风险因素申请进行复核，经负责人审核签字后提交企业分管领导。

（5）分管领导签字后，将风险因素及其控制措施录入企业危险货物运输风险评价与管理决策数据库，并由安全管理科下发至各部门、各子公司予以执行。

具体风险辨识的工作步骤和要求详见第三章第二节的内容。

2. 风险评价环节

(1)企业安全管理科组织建立危险货物运输风险管理专家组,由企业分管领导、风险管理专家、安全管理科负责人、运输部门负责人、一线项目经理等组成。

(2)专家组根据企业危险货物运输风险评价与管理决策数据库中各风险因素信息设计形成评价指标体系,并定期更新、完善。

(3)专家组研究、建立适合本企业危险货物运输风险特点的评估方法与基于量化评估的风险管控流程及其不同管理强度的管控标准。

(4)风险评价指标体系和风险管控流程等须报请企业安全生产委员会审定通过后予以实施。

(5)专家组根据具体运输线路和运输作业任务,结合计算机辅助决策技术,开展针对具体作业任务、运输线路的风险评估,同时根据评估结果和已制定的风险管控流程给出具体的风险管控建议。企业安全管理科将评估结果与管控建议报企业安全生产委员会审定。

(6)企业安全生产委员会审定后,企业安全管理科应立即将风险评估结果与管控建议下发至相关责任部门或分公司。

(7)各部门或子公司收到企业安全管理科下发的风险评估结果与管控建议后应立即分类执行。

3. 风险控制环节

(1)对于需要采取措施予以应对的风险因素,各部门或子公司在收到企业安全管理科的管控指令后应立即执行已制定好的风险因素控制措施,并将处理措施报企业安全管理科。

(2)企业安全管理科对各部门或子公司的风险应对措施的执行情况予以督查,特别是对风险级别较高的特定风险或风险因素要抽调专人予以重点督查,并将督查结果报企业安全生产委员会酌处。

(3)各部门或子公司在执行风险应对措施一段时间后,要报请企业安全管理科重新开展对该线路或运输作业任务的风险评价,确认该风险因素无须采取应对措施并转入监控状态后方可完成。

4. 风险检验环节

(1)对于仅需要监控的风险因素,各部门或子公司在收到企业安全管理科的管控指令后应及时传达到一线作业班组,予以重点关注。

(2)企业安全管理科对各部门或子公司的风险监控执行情况予以抽查,并将抽查结果报企业安全生产委员会酌情处理。

第二节 风险管理的主要环节

鉴于风险管理是涉及安全管理的学科,有不同方法和学派,本节主要结合《项目》介绍风险辨识的方法和风险评估的定量分析。

一、风险辨识方法

（一）风险辨识范围

危险货物道路运输风险辨识的范围包括从装载或充装货物结束后交货上路直至最终到达收货人场所交付货物结束整个过程。由于运输距离长，这个过程包括装卸、驾驶、停车休息、住宿或所需检查的活动（图3-2）。

图3-2　典型危险货物道路运输过程

（二）风险辨识内容

根据风险管理的框架，危险货物道路运输风险辨识需要确定危险货物运输事件及其引发原因、运输事故（后果）、企业根据自身管理情况对存在的危险引发的事件及后果的风险等级进行初步的判断，以及相应应该采取的防范措施（安全栅）。

1. 危险事件

从国内外的危险货物道路运输事故统计分析发现，危险货物道路运输事件包括四种情景，具体如图3-3所示。

导致危险货物泄漏引发事故的事件分为三类：一是交通事故引发的货物泄漏；二是货物因为罐体或包装失效引发的货物泄漏，即非交通事故引发的泄漏；三是装卸操作失误导致的货物泄漏。结合危险货物的特性，当货物泄漏后，主要涉及下列6类事故情景。

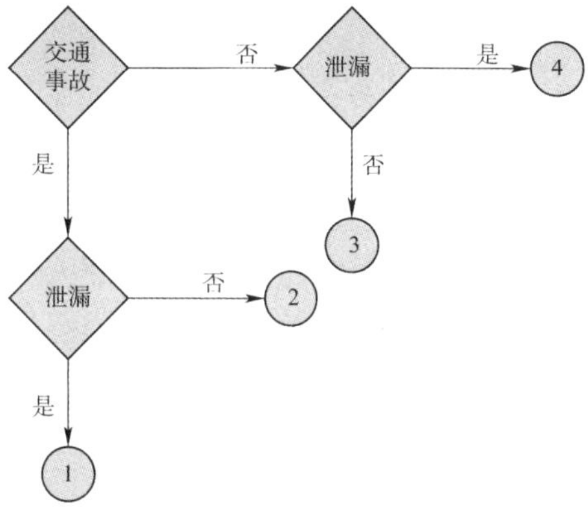

图 3-3 危险货物道路运输事件分类

(1)液池火灾。易燃液体如汽油、苯、甲醇、乙酸乙酯等,一旦从运输罐车及管路中泄漏到地面后,将向四周流淌、扩展,形成一定厚度的液池。若受到阻碍物阻挡或处于低洼处,液体将在限定区域内得以积聚,形成一定范围的液池。这时,若遇到火源,液池可能被点燃,发生地面池火灾。

构成事故情景的要点包括:易燃液体;不立刻发生反应,需要时间积聚足够多的泄漏量;点火源;热辐射或者火灾蔓延的影响;影响范围局限在泄漏点周围;若受其他危险货物的影响,可能会发生多米诺反应,如沸腾蒸气云爆炸。泄漏的罐车罐体在池火灾的影响下也是可能发生沸腾蒸气云爆炸。

(2)蒸气云爆炸。易燃易爆气体如 H_2、天然气等,泄漏后随着风向扩散,与周围空气混合成易燃易爆混合物,在扩散过程中如遇到点火源,延迟点火,由于存在某些特殊原因和条件,火焰加速传播,产生爆炸冲击波超压,发生蒸气云爆炸。

易燃易爆的液化气体如液化石油气、液化丙烷、液化丁烷等,其沸点远小于环境温度,泄漏后将会由于自身的热量、地面传热、太阳辐射、气流运动等迅速蒸发,在液池上面形成蒸气云,与周围空气混合成易燃易爆混合物,随着风向扩散,在扩散过程中如遇到点火源,也会发生蒸汽云爆炸。

构成事故情景的要点包括:易燃货物(气体或液体);延迟点火;瞬间冲击;冲击范围大,受污染的区域周边均受到影响。

(3)喷射火。易燃易爆气体如 H_2、天然气,以及易燃易爆的液化气体,泄漏后可能因摩擦产生静电立即点火,产生喷射火。

构成事故情景的要点包括:易燃带压力货物(气体或液体);立即点火;瞬间冲击;火灾蔓延风险;对泄漏周边的影响有限;若受其他危险货物的影响,可能会发生多米诺反应,如沸腾蒸气云爆炸。

(4)沸腾液体扩展蒸气云爆炸。易燃易爆的液化气体、液体、有机过氧化物运输槽罐车或者包装容器在外部火焰的烘烤下可能发生突然破裂,压力平衡被破坏,液体急剧汽化,并随即被火焰点燃而发生爆炸,产生巨大的火球。

构成事故情景的要点包括:易燃易爆的液化气体或液体、有机过氧化物;加热源或必要的放热反应;需要时间发展;冲击范围广;受污染的区域周边均受到影响。

(5)毒气云扩散。有毒气体或毒性的液化气体如液氯、液氨等,由于沸点小于环境温度,泄漏后会因自身热量、地面传热、太阳辐射、气流运动等迅速蒸发,生成有毒蒸气云,密集在泄漏源周围,随后由于环境温度、地形、风力和湍流等因素影响产生漂移、扩散,随着范围变大,浓度减小。

构成事故情景的要点包括：有毒气体或毒性的液化气体；瞬间冲击；冲击范围广；受污染的区域周边均受到影响。

(6)对环境造成影响的液体或固体货物泄漏。构成事故情景的要点包括：足够导致泄漏的低能量交通事故；泄漏点附近存在敏感区；瞬间冲击；存在潜在冲击范围广的可能性。

2. 危险事件产生的原因(危险)

由于跨省危险货物的种类繁多、危险特性差异大，对运输模式、运输车辆和包装的要求都不尽相同；并且跨省运距长，途经不同区域，道路特征和运输环境变化较大，危险事件产生的原因多，随机性和不确定性大，但归结起来包括人、车辆及设备、货物、环境以及管理五大因素，即人-机-物-环境-管理。这五大因素构成了跨省危险货物道路运输系统，各因素协调发展，一旦出现能量意外释放或受危险因素诱发就会导致事件、事故发生。

(1)人的因素。人的因素主要包括驾驶人员、押运人员、装卸人员、车辆维修维护人员、运输管理人员等，与运输系统安全性关系密切。对这些人员的日常管理、业务培训不到位，容易造成危险货物道路运输中的违章作业、人为失误以及玩忽职守等。因此，基于对人员行为特征辨识，可以从人员的合格性、熟练性、稳定性和负荷因子四个方面对危险货物道路运输中相关人员的素质进行辨识评估。

(2)机的因素。机的因素主要包括运输车辆、容器、设备等方面的安全状况。运输车型必须与所承载危险货物的性质、形态及包装形式(储罐、钢瓶、抗振包装等)相一致，而针对选用的车型，所装运的危险货物性质不同。就车辆及设备风险主要从以下几个方面进行辨识。

①发动机。发动机的动力性、起动性及点火性、供油性、润滑性、冷却性的机件和性能是否符合相应的技术要求等。

②转向系统。转向盘是否灵活轻便，有无阻滞；车辆在平坦、硬实、干燥和清洁的道路上行驶，转向盘有无摆振、跑偏现象；转向后能否自动回正；前轮的侧滑情况；是否有适度的不足转向特征，使车辆具有正常的操纵稳定性；转向盘的最大自由转动量情况；是否按规定采用助力装置；横直拉杆是否有拼焊现象等。

③制动系统。最大制动作用时的踏板力、制动踏板自由行程是否符合要求；空载和满载情况下的制动距离是否符合要求；制动跑偏量是否符合要求；制动传动管路密封等是否符合要求；是否具有有效的应急制动装置；空载正反两方向在坡道上的溜滑情况等。

④行驶系统。轮胎磨损、破裂和割伤程度；转向轮是否使用翻新轮胎；减振器是否齐全有效；钢板弹簧有无裂纹和断片现象；前后桥、车架是否有变形或裂纹等。

⑤传动系统。离合器的工作、踏板自由行程、踏板力是否符合要求；传动轴运转时有无振抖和异响；变速器和分动器运行中有无异响；中间轴承和万向节有无裂纹和松旷现象；驱动桥工作有无异响等。

⑥电气、照明、信号、仪表系统。汽车及外挂车的外部装置的数量、位置、最小集合可见角度是否符合规范的要求；照明及信号装置是否工作可靠；设置的危险报警闪光灯，起动时间情况；蓄电池是否经常性保持常态电压；是否具有切断总电源的装置；是否具有隔离电火

花的装置等。

⑦安全防护装置。是否按要求装有除雾、除霜装置;是否按要求安装比驾驶室高的安全架;是否按要求配备有效的灭火装置;排气管是否装有有效的隔热和熄灭火星装置;尾部是否按要求安装搭铁链;固定大型气瓶、可移动罐的车辆,紧固装置是否有效等。

⑧容器系统。根据危险货物特性的不同,相应的罐体、罐车技术要求是否符合技术标准。

⑨包装。包装类型的选择、包装材质、包装试验是否符合相应的技术标准要求。

(3)物的因素。物的因素主要为危险货物本身,包括危险货物的类型、运输量、运输状态和物化特性等,决定了危险事故的主要风险程度。判断危险货物的风险等级,可以运用两种方法:一是基于联合国危险分类体系构建的包装分类和危险辨识码对所运危险货物的风险程度作出一个基本的判断;二是通过细分危险货物危险特性,判断相应风险等级。

第一种危险货物的风险等级按危险货物风险等级分类。

潜在低风险危险货物。采用Ⅲ类包装,并且不符合潜在非常高风险要求的危险货物。

潜在中风险危险货物。采用Ⅱ类包装,并且不符合潜在非常高风险要求的危险货物。

潜在高风险危险货物。采用Ⅰ类包装,并且不符合潜在非常高风险要求的危险货物。

潜在非常高风险危险货物。包括不考虑运输量,具有吸入性毒性的危险货物;或属于欧洲危险性识别码的货物。

知识链接

欧洲的危险性识别号由2个或3个数字组成,当危险性识别号的双写数字表示重点强调此类特别危害性;当某一物质的危害性由单个数字表示时,数字后应加0;当某种危险性识别号以"X"打头,表示该物质会与水发生危险化学反应。

危险性识别号	含　义
23	易燃气体
238	气体,易燃且具有腐蚀性
239	易燃气体,能自发引起剧烈反应
26	毒性气体
263	毒性气体,易燃性
265	毒性气体,氧化性(助燃型)
268	毒性气体,腐蚀性
X323	遇水发生危险化学反应的易燃液体,释放易燃气体
33	高易燃性液体(闪点低于23℃)
333	自燃液体
X333	遇水发生危险化学反应的自燃液体
336	高易燃性液体,毒性

续上表

危险性识别号	含　义
338	高易燃性液体，腐蚀性
X338	高易燃性液体，腐蚀性，遇水有危险化学反应
339	高易燃性液体，自发引起剧烈反应
66	高度毒性物质
663	高度毒性物质，易燃（闪点不高于60℃）
664	高度毒性固体，易燃或自发热
668	高毒性物质，腐蚀性
X668	高毒性物质，腐蚀性，遇水发生危险化学反应
669	高毒性物质，能自发引起剧烈反应
X88	轻微腐蚀性物质，遇水发生危险化学反应
886	高腐蚀性物质，毒性

注：第 1 列中每个数字含义如下：

2 表示由压力或化学反应导致的气体泄漏；

3 表示液体（蒸汽）、气体和自发热液体的易燃性；

4 表示固体或自发热固体的易燃性；

5 表示氧化（助燃型）作用；

6 表示毒性或感染性危险；

7 表示放射性；

8 表示腐蚀性；

9 表示自发剧烈反应引起的危险（包括物质本身性质具有爆炸性而产生的爆炸可能性，分解和聚合反应后释放大量的热或易燃和/或有毒气体）。

此外，还包括《危险货物国际道路运输欧洲公约》（ADR）界定的具有严重后果的危险货物，具体见表 3-1。

具有严重后果的危险货物清单　　表 3-1

类别	分项	物质或物品	数量		
			罐体（L）[c]	散货（kg）[d]	包件（kg）
1	1.1	爆炸品	a	a	0
	1.2	爆炸品	a	a	0
	1.3	配装组 C 爆炸品	a	a	0
	1.4	UN Nos. 0104，0237，0255，0267，0289，0361，0365，0366，0440，0441，0455，0456 和 0500	a	a	0
	1.5	爆炸品	0	a	0
2		易燃气体（仅包括分类代码为字母“F”的）	3000	a	b
		毒性气体（分类代码为 T，TF，TC，TO，TFC 或 TOC），不包括气雾剂	0	a	0

续上表

类别	分项	物 质 或 物 品	数量		
			罐体(L)①	散货(kg)②	包件(kg)
3		Ⅰ和Ⅱ类包装的易燃液体	3000	a	b
		退敏爆炸品	0	a	0
4.1		退敏爆炸品	a	a	0
4.2		Ⅰ类包装的物质	3000	a	b
4.3		Ⅰ类包装的物质	3000	a	b
5.1		Ⅰ类包装的氧化性液体	3000	a	b
		高氯酸盐、硝酸铵、硝酸铵化肥和硝酸铵乳液或悬浮液或凝胶	3000	3000	b
6.1		Ⅰ类包装的毒性物质	0	a	0
6.2		A类感染性物质(UN Nos.2814 和 2900,除了动物材料)	a	0	0
8		Ⅰ类包装的腐蚀性物质	3000	a	b

注:a-不相关。

b-不管多少数量,不适用。

①本栏所指明的数值仅适用按照 ADR 附录 A 第 10 列或第 12 列批准的罐体运输。对不允许罐体运输的物质,该栏的指示不相关。

②本栏所指明的数值仅适用按照 ADR 的附录 A 第 10 列或第 17 列批准的散货运输。对不允许散货运输的的物质,该栏指示不相关。

第二种危险货物的风险等级按危险货物的危险特性等级分类。

危险货物的风险等级可以通过货物的热物理、环境、毒性和反应活性等特征来表示,包括健康危害性、可燃性、腐蚀性、化学反应特性和特殊危险性五类。

(4)环境因素。环境因素主要为危险货物道路运输特征、交通状况和天气条件等,与危险货物道路运输事故率和事故后果严重程度有关,可减缓或扩大运输事故风险。道路和道路设施的性能和安全状况直接影响着危险货物运输安全性,不良的道路条件会对驾驶人员的驾驶行为带来不安全因素和心理影响,提高运输事故发生频率。

道路特征。公路的等级、沿线的地形、行车速度、路面等级以及车道等情况,是危险货物道路运输风险的主要决定因素。选择不同技术等级的公路,不同地形公路以及路面状况,事故发生概率存在很大差异。公路根据交通量、使用功能和性质分为高速公路、一级公路、二级公路、三级公路、四级公路以及等外公路六个等级。公路沿线的地形直接影响行车速度,主要考虑平原、微丘、重丘、山岭等情况,其中山岭又细分为沿河线、山脊线、越岭线。车道数目及其划分情况也对事故发生有一定的影响,主要考虑单车道、双车道和多车道的区分。

沿途影响区人员分布。危险货物道路运输风险的影响区人员主要包括居住人员、雇员、驾驶人员。危险货物道路运输事故影响区人员分布通常以影响区人员密度表示。人口密度主要考虑整个路径带宽(运输路径两侧事故后果下风向最大影响距离之间的宽度)内人口密度的变化情况。人员密度可以从多渠道获得,如调查报告、地区人口统计数据、地图以及对路线的实地考察等。

路段影响区通常为直线矩形区域。沿线人口密度具有时变属性，影响人数也随时间而变化，因此，危险货物运输风险可能存在高峰期或高峰时间段。为了更加准确地表达人员带来的风险影响，可以将运输线路划分为不同的功能区，如工业区、商业区、居民区、无人区等，然后按照不同功能区人口密度的统计数字进行计算。

在确定人口密度的过程中，还需要注意以下几点：

①人口的暂时变化情况应予以考虑。例如人口的昼夜变化情况（如工业区、居民区等）应给予特别的注意，事故后果导致死亡的人数与人员在室内或在户外密切相关。

②如果路线的一侧为森林、河流、湖泊、海洋或其他无人区，则人口密度主要考虑有人的一侧。

③需考虑敏感人群，如医院、学校、监狱、体育场馆等。这些群体对危险货物道路运输事故特别敏感，或是不容易被疏散开。

气象条件。泄漏危险货物的环境扩散主要取决于气象条件，其中影响较大的为风向、风速和大气稳定度。风向决定泄漏物扩散的方向，风速决定着扩散物冲淡稀释的速度和输送的距离，大气温度度是整层空气的稳定程度，对扩散物在大气中的迁移扩散起到重要作用。

应急响应能力。危险货物道路运输的应急响应能力也是影响危险事件发生后的事故后果的严重程度。主要包括应急需要的设备、物资、应急救援人员、事故现场的可接近度等，多以运输路径上平均每千米 10 分钟之内到达事故现场的应急单位数目表示。

（5）管理因素。安全管理主要为政府监管部门和危险货物生产经营单位的运输监管和人员培训，包括安全生产监督检查、安全生产教育培训、从业人员安全管理、专用车辆安全管理、安全设施设备（停车场）管理、应急救援预案管理、安全生产会议、安全生产考核与奖惩、安全事故报告、统计与处理等，是预防和控制危险货物道路运输事故的主要措施。具体管理要素的要求，参见《危险货物道路运输安全生产管理制度编写要求》（JT/T 912—2014）。

危险货物道路运输企业风险辨识和评估清单，可参照表 4-10。

二、风险评估方法

风险评估的方法很多，既包括定性分析，也包括量化评估，还有定性与定量相结合的集成方法；既包括针对多层次、多属性风险因素的综合评估，也包括侧重考量单一或部分特定风险发生概率与后果损失的专业化风险分析技术。本节主要是介绍两种危险货物道路运输风险评价 BLC 法和危险货物道路运输风险评价指数模型法。

1. BLC 法

危险货物道路运输风险评价 BLC 法是对运输危险品线路（主要是各个分段线路）的道路等级信息、发生事故可能性大小、事故发生造成的后果损失等通过分项打分的方式进行表征，进而予以综合，并通过评价标准的引入对各分段线路的风险状况予以分级的评价方法。其打分依据来自于线路踏勘、驾驶人员反馈、跟车考察和以往事故的统计资料。

该方法的基本算法为：线路风险值 R 由道路等级基础参数 B、发生事故的可能性大小 L、事故可能会造成的损失后果 C 三者的乘积获得。即：$R = B \times L \times C$。

B、L、C 值的确定由专家打分法获得，可以由驾驶人员代表、调度人员、安检人员、企业安全管理人员分别打分后予以平均，以确保风险评定的合理化。

步骤1：确定线路分段。本方法针对不同路段进行风险评估，分段的主要依据是路况特征、地域环境、事故统计与分布等。

步骤2：确定道路等级基础参数 B，由设计车速、双向机动车道数、机动车道宽度、道路总宽、分隔带设置等因素综合确定，分数越大代表道路状况较差、风险较高，具体见表3-2。

道路等级基础参数 B 的确定 表3-2

道路等级	设计车速（km/h）	双向机动车道（条）	机动车道宽度（m）	道路总宽（m）	分隔带设置	分值选取
高速						1分
一级	60~80	≥4	3.75	40~70	必须设	1.1分
二级	40~60	≥4	3.5	30~60	应设	1.5分
三级	30~40	≥2	3.5	20~40	可设	2分
四级	30	≥2	3.5	16~30	不设	3分
其他	乡村道路、未分级道路等					4分

步骤3：确定发生事故的可能性 L，由道路特征、交通状况、影响人员分布、气象状况、易疲劳程度等因素综合确定，分数越大代表发生事故的可能性越大、风险越高，具体见表3-3。

发生事故的可能性 L 的确定 表3-3

分类	道路特征	交通状况	影响人员分布	气象状况	易疲劳程度	分值选取
分值	0~10分	0~10分	0~10分	0~10分	0~10分	5项值加和
情形	道路特征主要考虑：急弯、坡道、滑坡、积水、路口分叉、隧道、路障、软路肩或有无护栏	交通状况主要考虑：照明、指示标志、交通灯、警示灯、电子监控缺陷等	影响人员分布主要考虑：村镇、学校、集市、当地人员素质、同行车辆类型（大型货车、小型车辆、摩托车、非机动车等）	气象状况主要考虑：雨、雪、雾、沙尘等	易疲劳程度主要考虑：运输距离、休憩设施多寡、路况条件等	
说明	上述所列某类因素完全可以忽略时，选0分；事故高发，完全可以预料时选10分；其他可能性选择中间值					

步骤4：确定事故造成的损失后果 C，由风险评价小组（包括驾驶人员代表、调度人员、安检人员、企业管理人员等）综合确定，分数越大代表发生事故可能会造成的损失后果越严重、风险越高，具体见表3-4。

事故造成的损失后果 *C* 的确定 表3-4

风险后果	事故伤害和损失程度	分值选取
较重大及以上事故	一次死亡1人以上，或重伤4人以上，或直接经济损失50万元以上事故	10分
较大事故	一次重伤2～3人，或轻伤4～8人，或直接经济损失10万元以上、50万元以下事故	5分
一般事故	一次重伤1人，或轻伤2～3人，或直接经济损失1万元以上、10万元以下事故	3分
轻微事故	一次轻伤1人，或直接经济损失1万元以下事故	1分

步骤5：计算各路段的线路风险值 *D* 并分级，具体见表3-5。

线路风险值 *D* 的确定与分级 表3-5

线路风险值 D ($D=B\times L\times C$)	线路风险等级	备　注
>250	一级	十分危险，此路段需要专项监控，发现途经此处的车辆异常后，在10min内必须电话沟通确认
(150～250]	二级	危险性较大，此路段需要重点监控，发现途经此处的车辆异常后，在20min内必须电话沟通确认
(100～150]	三级	一般危险，此路段正常监控即可，发现途经此处的车辆异常后，在30min内必须电话沟通确认
(0～100]	四级	潜在危险，此路段正常监控即可，发现途经此处的车辆异常后，在60min内必须电话沟通确认

知识链接

LEC 评价法

（与 BLC 法思路基本相同）

一、概述

LEC 评价法，是对具有潜在危险性作业环境中的危险源进行半定量的安全评价方法，用于评价操作人员在具有潜在危险性环境中作业时的危险性、危害性。

该方法用于系统有关的三种因素指标的乘积来评价操作人员伤亡风险大小，这三种因素分别是：L(likelihood)，事故发生的可能性；E(exposure)，人员暴露于环境中的频繁程度；C(consequence)，一旦发生事故可能造成的后果。

给L、E、C的不同等级分别确定不同的分值，再以三个分值的乘积 *D*(danger，危险性)风险值，来评价作业条件危险性的大小，即：$D=L\times E\times C$。

风险值 $D=L\times E\times C$。D值越大，说明该系统危险性大，需要增加安全措施，或改变发生事故的可能性，或减少人体暴露于环境中的频繁程度，或减少事故损失，直至调整到允许范围内。

二、量化 L、E、C

这3种方面分别进行客观的科学计算，得到准确的数据，是相当烦琐的过程。为了简化评价过程,采取半定量计算法。即根据以往的经验和估计,分别对这3方面划分为不同的等级,并赋值。

1. 事故发生的可能性(L)		2. 暴露于危险环境的频繁程度(E)		3. 发生事故产生的后果(C)	
分数值	事故发生的可能性	分数值	暴露于危险环境的频繁程度	分数值	发生事故产生的后果
10	完全可以预料	10	连续暴露	100	10人以上死亡
6	相当可能	6	每天工作时间内暴露	40	3~9人死亡
3	可能,但不经常	3	每周一次或偶然暴露	15	1~2人死亡
1	可能性小,完全意外	2	每月一次暴露	7	严重
0.5	很不可能,可以设想	1	半年几次暴露	3	重大,伤残
0.2	极不可能	0.5	非常罕见暴露	1	引人注意
0.2	实际不可能				

三、风险分析(计算 D 值)

根据公式 $D=L\times E\times C$,可以计算作业危险程度,并判断评价危险性的大小。其中的关键还是如何确定各个分值,以及对乘积值得分析、评价和利用。

D 值	等 级	危险程度
>320	1级	极其危险,不能继续作业
160~320	2级	高度危险,要立即整改
70~160	3级	显著危险,需要整改
20~70	4级	一般危险,需要注意
<20	—	稍有危险,可以接受

注:风险等级为5级。5为最高级,1为最低级;或1为最高级5为最低级;可自行定义。

四、应用举例

某涤纶化纤厂在生产短丝过程中有一道组件清洗工序,为了评价这一操作条件的危险性,确定每种因素的分数值为:

事故发生的可能性(L):组件清洗所用的三甘醇,属可燃液体,如加热至沸点时,其蒸气爆炸极限范围为0.9%~9.2%,属一级可燃蒸气。而组件清洗时,需将三甘醇加热后使用,致使三甘醇蒸气容易扩散的空间,如室内通风设备不良,具有一定的潜在危险,属“可能,但不经常”,其分值 $L=3$。

人员暴露于环境中的频繁程度(E):清洗人员每天在此环境中工作,取 $E=6$。

发生事故可能造成的后果(C):如果发生燃烧爆炸事故,后果将是非常严重的,可能造成人员的伤亡,取 $C=15$,则有:$D=L\times E\times C=3\times 6\times 15=270$。

评价结论:D 值270分处于160~320之间(2级),危险等级属“高度危险,需立即整改”的范畴。

2. 危险货物道路运输风险评价指数模型方法

危险货物道路运输风险评价指数模型是对运输过程特别是运输线路的综合风险进行测算与快速分级，有利于提前采取有效的风险防控措施。需要说明的是，受专业领域所限，模型中的危险货物不包括感染性物质和放射性物质，且主要关注安全风险，而不对环境影响做专门的讨论和分析。

(1)风险辨识与模型架构。

危险货物道路运输风险评价指数模型着力于定量考察危险品运输线路的综合风险。应用检查表法、专家咨询法和结构化因果分析技术(SWIFT)等开展风险辨识，可得到在危险品运输过程和运输线路上的主要风险因素有危险品自身风险(具体包括健康危害、可燃性、腐蚀性、化学反应活性等)、运输量、线路与居民区距离、路况条件、气象条件、车流量、周边区域人口疏密程度以及相关安全措施规避风险的强弱等。将辨识得到的风险因素予以系统化整理，便形成了危险货物道路运输风险评价指数模型的基本架构，如图3-4所示。

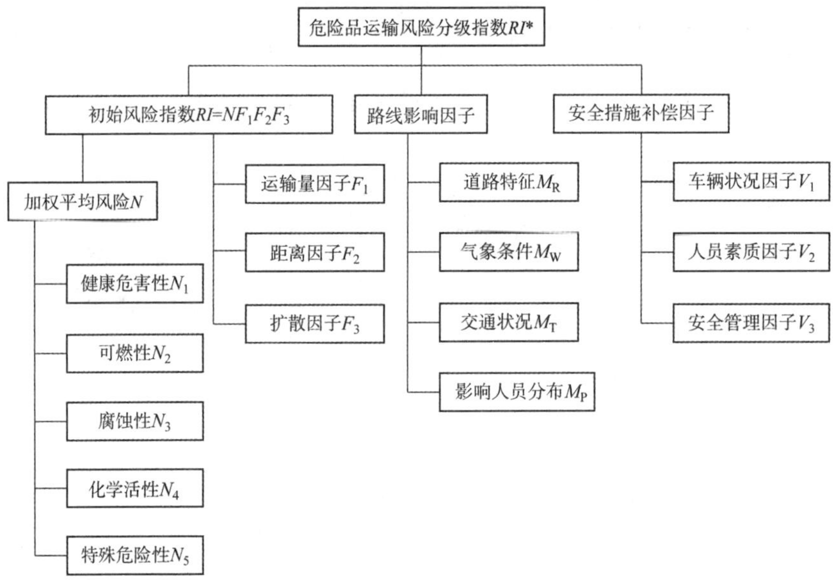

图3-4 危险货物道路运输风险评价指数计算的基本框架

具体说来，模型由运输危险品初始风险指数、路线影响因子和安全措施补偿因子三部分构成。其中，运输危险品初始风险指数由危险品自身的加权平均风险和运输危险品量、泄漏点与居民区距离以及危险品扩散因子等级确定，危险品自身的加权平均风险表征危险品内在的危险属性，包含其健康危害性、可燃性、化学活性以及特殊危险性(氧化性和与水反应性)等因素；危险品运输道路特征、气象条件、交通状况和沿线影响人员分布为其路线影响因子；而安全措施补偿因子则是为规避风险所采取的安全对策，包括车辆、设备、容器、包装状况，人员素质和运输安全管理三部分。

(2)模型基本算法。

步骤1：计算危险品自身的加权平均风险N。包括健康危害性N_1、可燃性N_2、腐蚀性

N_3、化学反应特性 N_4 和特殊危险性 N_5 五因素，$N_k(k=1,\cdots 5)$ 划分为 5 级，最高级分数为 4，最低级分数为 0。计算表达式为：

$$N=\frac{\sum_{k=1}^{5}N_k^2}{\sum_{k=1}^{5}N_k} \tag{3-1}$$

$$N=(N_1{}^2+N_2{}^2+N_3{}^2+N_4{}^2+N_5{}^2)\ /(N_1+N_2+N_3+N_4+N_5)$$

注：式(3-1)中 $\sum_{k=1}^{5}N_k^2$，是 $N_1{}^2+N_2{}^2+N_3{}^2+N_4{}^2+N_5{}^2$；其中 $\sum_{k=1}^{5}N_k$，是 $N_1+N_2+N_3+N_4+N_5$。$N_1\sim N_5$，分别见表 3-8 ~ 表 3-12。

步骤 2：确定运输危险品数量 F_1、泄漏点与居民区距离 F_2 以及危险品扩散因子 F_3（F_1，见表 3-13；F_2，见表 3-14；F_3，见表 3-15，具体确定方法下面将详细阐述。

步骤 3：计算运输危险品初始风险指数 RI：

$$RI=NF_1F_2F_3=\prod_{q=1}^{3}NF_q \tag{3-2}$$

注：式(3-2)是 $RI=N\times F_1\times F_2\times F_3$。

这里，$F_q(q=1,2,3)$ 也划分为 5 级，同时为避免风险指数值为 0 的不合理数值出现，F_q $(q=1,2,3)$ 的最高级分数仍设定为 4，而将最低级分数设定为 0.5。

RI 乘积取值最大为 256，可划分为 4 级，具体见表 3-6。

危险品运输风险等级划分 表 3-6

指数范围	危险等级	指数范围	危险等级
(0 ~ 64]	低	(128 ~ 192]	严重
(64 ~ 128]	中等	(192 ~ 256]	极其严重

步骤 4：确定路线影响因子 $M_i(i=1,2,\cdots 8)$ 和安全措施补偿因子 $V_j(j=1,2,3)$。其中，M_i 包括道路固有特征、气象条件、交通状况和影响人员共 4 类、8 个因素；V_j 包括车辆状况、人员素质和安全管理影响三个因素。

M_i，根据表 3-16 确定；V_j，根据 $V_j=1-R_jR_j^*$（式 3-4）确定。

步骤 5：计算最终的危险品运输风险分级指数 RI^*：

$$RI^*=RI\times\prod_{i=1}^{8}M_i\times(1-\alpha\prod_{j=1}^{3}V_j) \tag{3-3}$$

注：式(3-3)是 $RI^*=RI\times M_1\times M_2\times M_3\times M_4\times M_5\times M_6\times M_7\times M_8\times(1-\alpha V_1\times V_2\times V_3)$

式(3-3)中，α 为安全措施补偿调节系数，可由专家自行确定，一般取 0.2，即安全措施最多可减缓风险 20%。根据 RI^* 的取值，结合对国内多家大型危险货物运输企业的调研反馈，确定危险货物道路运输风险评价指数的等级划分，如表 3-7 所示。

RI^* 风险等级划分 表 3-7

指数范围	风险等级	指数范围	风险等级
(0 ~ 50]	低	(150 ~ 300]	高
(50 ~ 150]	中等	>300	极高

(3)模型实施步骤。

下面给出企业开展危险货物道路运输线路风险指数评价的一般步骤和方法。

步骤1:确定线路分段。本模型风险计算的对象是运输线路上的具体路段,理论上说路段分得越细,风险值计算得也就越精确。分段的主要依据是路况特征、地域环境、事故统计与分布等,应力图使所分的每段路段上保持大体相似的路况特征、地域环境和事故分布等。

步骤2:确定模型参数。对于划分好的具体路段,根据运输危险品品种、运量、路线条件、地理环境等信息,按照指数模型的算法要求依次评估并确定其模型参数,包括危险品的健康危害性 N_1、可燃性 N_2、腐蚀性 N_3、化学反应特性 N_4、特殊危险性 N_5、危险品运输量分级 F_1、泄漏点与居民区距离 F_2 分级、危险品扩散因子 F_3、8 个路线影响因子和 3 个安全措施补偿因子等。

对模型在企业风险管理实践应用时的参数确定做如下五点说明。

①主要矛盾原则。指数模型是一种半定量化的风险计算工具,其参数确定只需要考虑危险货物或运输路段上最主要或最常发生的情况。例如,对第二个路线影响因子即考虑弯曲状况的 M_2,如果该路段大部分是直路,只有很小一部分处于弯曲程度较低的弯路条件,则以"直路"对应的取值为准,以此类推。当然,最理想的情况是,通过前面的路段分段,确保使所划分的路段上具有完全相同的运输环境,但现实中往往很难做到,唯有抓住主要矛盾,方可完成风险计算。这样做其实是在成本与精度之间寻求平衡,也恰恰体现了指数模型操作简单、实用性强的优点。

②定性判断原则。模型在路线影响因子确定中,对部分参数给出了量化的确定方法,如"半径≥200m 的弯路"取 1.3、"半径 <200m 的弯路"取 2.2、"密度 <500 辆/h 为低密度"取 0.8、"500≤密度 <1250 辆/h 为Ⅰ类中密度"取 0.9、"500≤密度 <1250 辆/h 且重型车辆密度 <125 辆/d 为Ⅱ类中密度"取 1.0,等等。对于此类参数确定,如果企业有翔实的路线资料作为佐证,便可直接依照客观数据予以分级确定;但若无翔实资料,也不必拘泥和困顿于客观数据,可依照经验、路线踏勘感受、与其他路段的对比等进行定性判断,进而完成参数确定。如:当路段非急弯路、弯曲程度有限时,按照"半径≥200m 的弯路"来处理,直接取 1.3;当判断此路段车流量很小时,按照低密度来处理,直接取 0.8;当判断此路段车流量为中等但鲜有重型车辆时,按照Ⅰ类中密度来处理,直接取 0.9;当判断此路段车流量为中等但有较多重型车辆时,按照Ⅱ类中密度来处理,直接取 1.0。这样做是在成本与精度之间寻求平衡的结果,也是将人的经验、感受、判断与量化评价相融合的过程,因为任何风险评价过程都离不开评价者自身的判断。而且,模型给定的客观判定标准,如"坡度 <5% 为上斜坡""坡度≥5% 为上陡坡""密度 <500 辆/h 为低密度"等也都是根据一般意义上的平均值来确定的,特定条件和线路下企业也可自行调整判定标准。

在一般情况下只需要依照该值进行模型运算即可;同时,模型也允许企业在特定情况下对这些参数建议取值进行调整,以适应特殊的运输环境和运输线路。

对安全措施补偿因子的确定,依据的是企业层面在人的因素、设备因素和管理因素上一般性的风险辨识和计算结果,一般取0.2。

除去8个路线影响因子以及泄漏点与居民区距离F_2外,其余参数在同一运输批次、运输线路的不同路段上保持一致。也就是说,危险品的健康危害性N_1、可燃性N_2、腐蚀性N_3、化学反应特性N_4、特殊危险性N_5、危险品运输量分级F_1、危险品扩散因子F_3和3个安全措施补偿因子等一经确定,在同一批次的整条运输路线上保持不变,这也进一步体现出风险指数模型实际操作的简便性和实用性。

步骤3:完成路段风险值计算,确定风险等级。依照式(3-3),计算得到该路段最终的危险品运输风险分级指数,同时根据表3-6的风险等级划分标准,确定路段的风险等级。

步骤4:基于线路长度加权的思想,计算总路线风险值和风险等级。设危险品运输线路总长为L,开展指数风险评价分为n个路段,第i条路段长度为$L_i(i=1,2,\cdots n)$,计算得到其风险分级指数为RI_i^*,则最终总路线上的风险值RI^*为:$RI^*=\sum_{i=1}^{n}\frac{L_i}{L}RI_i^*$。进而,根据表3-6的风险等级划分标准,可确定整条路线的风险等级。

(4)模型参数确定。

①健康危害性N_1。

健康危害性分级主要依据美国消防协会(NFPA)所做的健康危害标准和美国颜料与涂料协会(NPCA)所做的危险材料辨识标准,见表3-8。

危险品健康危害分级N_1 表3-8

分级/评分	评分标准
4	短暂接触可致人死亡或严重伤害,或及时快速就医治疗也会有重大残留伤害,包括那些非常危险以至没有什么具体保护设施的危险物质
3	短期接触可致人严重的暂时或残留伤害,快速就医治疗也可能引起暂时或残留伤害,包括那些需要全体防护的危险物质
2	高浓度或短期接触可致人暂时失去能力或残留伤害,如果不及时就医处理可引起暂时丧失能力或可能的残留伤害,包括那些需要单独供给空气呼吸器的危险物质
1	短期接触能引起发炎、疼痛或过敏,如果没有及时就医治疗可能引起轻微的残留伤害,包含那些需要适当空气净化器的危险物质
0	火灾时除一般可燃物危险外,短期接触没有其他危险

②可燃性N_2。

运输危险化学品的易燃性是分类的基础,是否易燃与货物的形态和条件有关,是内在属性,其可燃性分级见表3-9。

危险品可燃性分级N_2 表3-9

分级/评分	评分标准
4	常压和常温下,危险物质可快速彻底的蒸发,或容易扩散、燃烧
3	多数环境温度条件下,液体和固体可以点燃;大部分可产生危害性气体,或常温下虽没有什么影响,但多数情况下容易被点燃

续上表

分级/评分	评分标准
2	适度加热或暴露在适当高温环境可能被点燃，正常条件下，不产生危害气体环境，但在高温或适度加热下，可能大量泄漏扩散，形成危害气体环境
1	点燃前必须预热；常温环境下，需要足够预热才能被点燃或出现燃烧
0	不燃

③腐蚀性 N_3。

腐蚀性是指危险品通过化学作用在接触生物组织时造成损伤或在渗漏时严重损害甚至破坏其他货物或交通工具的程度。腐蚀性的大小也与货物的形态和条件有关，是内在属性，参考《腐蚀性危险货物危险特性检验安全规范》(GB 19521.6—2004)，给出腐蚀性分级，见表3-10。

危险品腐蚀性分级 N_3 表3-10

分级/评分	评分标准
4	危险品与完整皮肤组织接触3分钟或少于3分钟后，在60分钟的观察期内引起皮肤组织全厚度破坏
3	危险品与完整皮肤组织接触3分钟以上、60分钟以内，在14天的观察期内引起皮肤组织全厚度破坏
2	危险品与完整皮肤组织接触60分钟以上、4小时以内，在14天的观察期内引起皮肤组织全厚度破坏；危险品不引起完整皮肤组织全厚度破坏，但在55℃的试验温度下对钢或铝表面的腐蚀率超过6.25毫米/年
1	危险品与完整皮肤组织接触4小时以上，在14天的观察期内引起皮肤组织全厚度破坏；危险品不引起完整皮肤组织全厚度破坏，但在55℃的试验温度下对钢或铝表面的腐蚀率小于6.25毫米/年
0	危险品无腐蚀性

④化学反应特性 N_4。

运输危险品物质、混合物或化合物的反应特性等级 N_R 的值，可以根据物质在环境温度条件下的不稳定性程度确定；与水反应特性主要见 N_S，危险品化学反应特性分级 N_4 见表3-11，主要根据NFPA704 确定。

危险品化学反应特性分级 N_4 表3-11

分级/评分	评分标准
4	在常温常压下自身易于爆炸分解或爆炸反应的物质，通常包括常温常压下局部热冲击或机械冲击敏感的物质
3	本身能发生爆炸分解或爆炸反应，但需要强引发源或引发前必须在密闭状态下加热的物质，通常包括对热或机械冲击敏感的物质
2	在加温加压下易于发生剧烈化学变化的物质，通常包括DSC试验中，在温度小于150℃时显示温升的物质
1	自身通常稳定，但在加温加压条件下就变得不稳定的物质，通常包括：①接触空气、受光照射或受潮时发生变化或分解的物质；②在温度为150～300℃时显示温升的物质
0	在燃烧条件下仍能保持稳定的物质，通常包括：①不与水反应的物质；②在温度300～500℃时用DSC测定显示温升的物质；③用DSC试验时，在温度小于500℃时不显示温升的物质

⑤特殊危险性 N_5。

危险品特殊危险性主要是指遇水可反应性或氧化特性，运输过程中要特别注意，分级见表 3-12。

危险品特殊危险性分级 N_5 表 3-12

分级/评分	评 分 标 准
2	属于氧化剂类，极易发生氧化，从其他组分去氢，或吸收负电子
2	遇水反应，可快速释放能量
4	氧化剂类，遇水也发生剧烈反应

⑥危险品运输量分级 F_1、泄漏点与居民区距离 F_2 分级和危险品扩散因子 F_3 分级。

在其他条件不变的情况下，单车危险货物的运量越大，事故损失越严重，风险也就越大。根据《道路危险货物运输管理规定》，将一般危险货物与剧毒化学品、爆炸品、强腐蚀性货物予以区分，分别制定评分标准，见表 3-13。

危险货物运输量分级 F_1 表 3-13

分级/评分	一般危险货物运输量(t)	剧毒化学品、爆炸品、强腐蚀性货物运输量(t)
4	≥25	≥10
3	[20~25)	[8~10)
2	[15~20)	[5~8)
1	[10,15)	[3,5)
0.5	(0~10)	(0~3)

在其他条件不变的情况下，泄漏点附近居民区与泄漏点距离越大，泄漏影响的危险性就越小。F_2 的分级和评分标准见表 3-14。

危险货物泄漏点与居民区距离分级 F_2 表 3-14

分级/评分	距离阈值(m)	分级/评分	距离阈值(m)
4	≤500	1	(5000~10000]
3	(500~1500]	0.5	>10000
2	(1500~5000]		

燃爆事故中，气态危险货物的蒸汽扩散率与其密度反相关，而密度与其相对分子量呈正比；高分子量的蒸汽相比低分子量蒸汽扩散率较低，导致事故后果较重，风险较大；固态危险货物扩散因子取为 1；液体扩散率主要受泄漏温度下的蒸气压力影响，评分时参考其主要成分分子量，同时考虑外界气压、温度等因素，必要时可由评分人员在分子量分级基础上酌情下调 1 级。综上所述，F_3 的分级和评分标准见表 3-15。

危险货物扩散因子分级 F_3　　表 3-15

分级/评分	危险货物(气态)主要成分相对分子量	液态和固态危险货物的评分
4	≥45	对液态危险货物,参照气态危险货物评分标准,由主要成分相对分子量判定,必要时可酌情下调 1 级;固态危险货物扩散因子取为 1
3	[34～45)	
2	[23～34)	
1	[15～23)	
0.5	(0～15)	

⑦路线影响因子确定。

路线影响因子包括道路固有特征 M_R、气象条件 M_W、交通状况 M_T和影响人员分布 M_P 4 个一级指标,具体细分为道路等级 M_1、弯曲状况 M_2、平陡情况 M_3、车道数量 M_4、桥隧状况 M_5、天气状况 M_6、车流量密度 M_7、沿线居民区分布 M_8 等 8 项二级指标。其中,前 5 项共同反映道路特征包括道路类型、地形特征、沿线设施等;气象条件直接影响行车安全,且随路段和时段动态变化;交通状况主要是指路段上车流量及特殊车辆分布;影响人员主要是指道路周边公众分布状况。通过对国内多家危险货物运输企业调研特别是对近 200 条线路、600 多条路段风险的试算、与事故统计和路线踏勘资料的对照、调整和优化,确定各参数取值,见表 3-16。

危险品道路运输路线影响因子 M_i 的确定　　表 3-16

	子因素		因子确定
道路固有特征 M_R	道路等级 M_1	高速公路	0.8
		1 级公路	1.0
		2 级公路	1.5
		3 级公路	2.0
		4 级公路	2.5
	弯曲状况 M_2	直路	1.0
		弯路(半径≥200m)	1.3
		弯路(半径<200m)	2.2
	平陡情况 M_3	平路	1.0
		上斜坡(坡度<5%)	1.1
		上陡坡(坡度≥5%)	1.2
		下斜坡(坡度<5%)	1.3
		下陡坡(坡度≥5%)	1.5
	车道数量 M_4	每向一车道或双向两车道	2.0
		双向三车道	1.9
		每向双车道	1.8
		每向双车道和应急车道	1.2
		每向三车道(及以上)和应急车道	0.8
	桥隧状况 M_5	好采光直隧道	1.2
		其他隧道	1.5
		桥	2.0
		无隧道和桥	1.0

续上表

	子因素		因子确定
气象条件 M_W	天气状况 M_6	天气状况良好	1.0
		雨或雾	1.5
		雪或冰雹	2.5
交通状况 M_T	车流量密度 M_7	低密度(密度<500 辆/h)	0.8
		中密度(500≤密度<1250 辆/h)	0.9
		中密度(500≤密度<1250 辆/h 且重型车辆密度<125 辆/d)	1.0
		高密度(密度≥1250 辆/h)	1.4
		高密度(密度≥1250 辆/h,且重型车辆密度≥125 辆/d)	2.4
影响人员分布 M_P	沿线居民区分布 M_8	山区,单个房屋,没有居民区	0.8
		乡村,分散房屋,小居民区	1.0
		郊区,较多房屋,不太拥挤居民区	1.5
		城镇,众多房屋,拥挤居民区	2.0

⑧安全措施补偿因子确定。

安全措施补偿因子 $V_j(j=1,2,3)$ 反映车辆设备状况、人员素质、安全管理水平三方面措施规避风险的能力大小。测算时既可以分别建立三个补偿绩效评价指标集,对指标集的各指标逐一进行打分和加总,用实际加总分数与满分的比例作为 $V_j(j=1,2,3)$ 的数值。也可直接采用企业层面一般性的风险辨识中人的因素(驾驶行为)各指标、设备因素(车辆+罐体)各指标和管理因素各指标,将辨识得到的各因素风险值转化为补偿绩效值,予以测算。其计算公式如下:

$$V_j = 1 - R_j R_j^* \tag{3-4}$$

式中,R_j代表企业层面一般性的风险辨识出的人的因素(驾驶行为)各指标、设备因素(车辆+罐体)各指标和管理因素各指标风险分值的加和;R_j^* 代表各类风险因素总的满分风险分值。

(5)特殊情况下参数取值的调整。

由前所述,基于对多个危险货物道路运输企业的调研和大量线路风险的评分、与路线踏勘和统计资料等的拟合,对指数模型中的绝大部分参数都给出了较为确定的取值区间或建议值。在一般情况下,企业利用本模型进行线路风险的量化评估,只需要将运输线路的实际情况与参数取值相对照和选取,进而输入模型中予以运算即可。但由于危险货物运输过程特别是运输线路环境的复杂性,不可避免地会出现个别参数(特别是运输量参数和泄漏点与居民区距离等参数)的取值建议不能满足运输线路实际情况。这时,企业可以根据运输实际情况,在不改变模型基本架构的前提下,对个别参数的取值区间进行适当调整和修正,以最大程度反映运输线路风险的实际情况。这体现了风险评价指数模型较好的开放型和适应性。

以应用该模型对某爆炸品道路运输企业线路风险开展的量化评价为例。该线路的几个路段属于村中路，道路两侧紧邻村民房屋，且为必经之地、无替代线路。此时，如果沿用模型中既定的泄漏点与居民区距离 F_2 的最小取值范围"≤500m"，很显然是不能反映路线风险实际情况的，并且体现不出与其他路段的区分度。对此的处理是：将 F_2 的取值区间做适当调整和修正，将原最小取值范围"≤500m"细分为"≤100m"和"(100m，500m]"两个区间，并将最高风险分值由"≤500m"的4分调整为"≤100m"的5分，其余不变，如表3-17所示。经此调整，模型结果较好地体现了濒临居民区造成的危险升高的客观情况，也与其他路线形成了较好的区分，从而有助于提示企业和驾驶人员强化该路段上的运输安全。

调整后的危险货物泄漏点与居民区距离分级 F_2 表3-17

级　别	距离阈值(m)	级　别	距离阈值(m)
5	≤100	2	(1500～5000]
4	(100～500]	1	(5000～10000]
3	(500～1500]	0.5	>10000

第四章　危险货物道路运输企业风险管理实践

目前危险货物道路运输企业在风险管理实践上,更多是运用检查表法,对影响危险货物道路运输安全的人、车、设备进行出车前或定期进行风险辨识,并根据辨识结果采取相应的防控措施。检查表法虽然简单明了,可以对存在的问题立即采取相应的措施,但过程中偏重于前端风险辨识,后续并未对辨识出的危险进行风险程度的分析评估,无法体现其风险等级,也无法根据不同风险等级而采取有差异的防控措施。目前按照风险管理框架进行风险管理的危险货物道路运输企业,主要集中在外资企业以及中资大型企业。这些企业对某个具体运行线路进行风险管理,部分企业还基于 HSE 体系对企业的整体运营开展风险管理。

第一节　线路风险管理

道路技术等级的高低、交通状况、气象条件、人群聚集程度等环境因素都会对危险货物道路运输安全产生重大的影响。同时,由于危险货物道路运输具有动态性,其运输环境会随着运输位移发生重大变化。对于运输企业而言,运输线路选择妥当与否直接涉及运输的安全性和经济性,所以现有已经开展风险管理的企业,基本都选择对运输线路进行风险辨识、评估,形成线路风险评估报告。线路风险管理的主要步骤如下。

一、制定线路风险等级评定标准(风险接受准则)

线路风险等级评定标准的制定是开展风险分析的重要步骤,与后续采取的防范措施密切相关。由于线路是由若干不同技术等级的道路所构成的,所以评定标准一般以道路等级为基础参数(B),并综合考虑道路特征、交通状况、影响人员分布、气象状况、环境给驾驶员带来的易疲劳程度等因素所带来的道路风险可能性(L)以及风险后果(C),部分企业还会考虑里程风险系数(M),通过 B、L、C、M 三者或四者的乘积得出线路中某段道路风险值(D),而后综合得出线路风险等级(R)。现有企业普遍采用的评定标准如下:

道路风险值

$$D = B \times L \times C \times M \tag{4-1}$$

(1)道路等级基础参数——B,数值见表 3-2。

(2)道路风险可能性——L,数值见表 4-1。

道路风险可能性数值　　表 4-1

分类	道路特征	交通状况	影响人员分布	气象状况	易疲劳程度	分值选取 L
分值	0～10 分	0～10 分	0～10 分	0～10 分	0～10 分	加和
说明	道路特征主要考虑：急弯、坡道、滑坡、积水、路口分叉、隧道、路障、软路肩或无护栏、拥堵、施工情况等					
	交通设施状况主要考虑：照明、指示标志、交通灯、警示灯、电子监控缺陷等					
	影响区人员分布主要考虑：沿途区域的功能区、人口密度、敏感人群等					
	自然状况主要考虑：雨、雪、雾、沙尘等					
	易疲劳程度主要考虑：运输距离、休憩场所过少、路况过好等					
	上述所列某项因素完全可以忽略时，选 0 分，可能性极高，事故高发，完全可以预料时选 10 分，其他可能性选择中间值					

（3）道路风险后果——C，数值见表 4-2。

道路风险后果数值　　表 4-2

风险后果	事故伤害和损失程度	分值选取 C（分）
较重大及以上事故	一次死亡 1 人以上，或重伤 4 人以上，或直接经济损失 50 万元以上事故	10
较大事故	一次重伤 2～3 人，或轻伤 4～8 人，或直接经济损失 10 万元以上、50 万元以下事故	5
一般事故	一次重伤 1 人，或轻伤 2～3 人，或直接经济损失 1 万元以上、10 万元以下事故	3
轻微事故	一次轻伤 1 人，或直接经济损失 1 万元以下事故	1

（4）里程风险系数——M，数值见表 4-3。

里程风险系数数值　　表 4-3

里程（km）	说　明	风险取值 M
>450	运距在 450km 以上，根据道路的综合路况条件信息，取 1.4 为风险值	1.4
351～450	运距在 351～450km 之间，根据道路的综合路况条件信息，取 1.2 为风险值	1.2
251～350	运距在 251～350km 之间，根据道路的综合路况条件信息，取 1 为风险值	1
151～250	运距在 151～250km 之间，根据道路的综合路况条件信息，取 0.8 为风险值	0.8
≤150	运距小于或等于 150km，根据道路的综合路况条件信息，取 0.6 为风险值	0.6

（5）道路风险等级——D，数值见表 4-4。

道路风险等级数值　　表 4-4

道路风险值 D	道路风险等级	备　注
>250	一级	十分危险，此路段/路点需要专项监控，发现途经此处的车辆异常后，在 10 分钟内必须电话沟通确认
151～250	二级	危险性较大，此路段/路点需要重点监控，发现途经此处的车辆异常后，在 20 分钟内必须电话沟通确认

续上表

道路风险值 D	道路风险等级	备注
101～150	三级	一般危险，此路段/路点正常监控即可，发现途经此处的车辆异常后，在30分钟内必须电话沟通确认
≤100分	四级	潜在危险，此路段/路点正常监控即可，发现途经此处的车辆异常后，在60分钟内必须电话沟通确认

(6)线路风险等级——R，数值见表4-5。

线路风险等级数值 表4-5

线路风险值	线路风险等级	线路风险值	备注
>200	一级	1.6	通过线路中各路段风险等级综合评定出：总线路风险值大于200，定为一级线路
151～200	二级	1.4	通过线路中各路段风险等级综合评定出：总线路风险值在150～200之间，定为二级线路
100～150	三级	1.2	通过线路中各路段风险等级综合评定出：总线路风险值在100～150之间，定为三级线路
≤100	四级	1	通过线路中各路段风险等级综合评定出：总线路风险值小于或等于100，定为四级线路

需要指出的是，线路风险值是以若干技术等级道路风险值通过加权平均和算数平均得出的值，但不论是采取何种方法，线路风险值的可靠性较差，所以虽然企业保留了线路风险值的表述，但在实际运用中，应以道路风险值作为风险控制点并采取差异化防范措施。

二、线路风险辨识

线路风险辨识是指围绕线路风险等级评定标准中考虑的各项因素，通过驾驶人员反馈、跟车考察等途径对运输线路沿途环境实地查勘，将线路上存在的危险进行记录、分析，并针对每项辨识出的危险结果提出相应的防范措施。在实地查勘中，需要记录的主要要点如下：

(1)道路等级。在对整条线路进行风险辨识之前，需要根据道路等级将线路分成不同路段。根据道路设计的车速、机动车道数、机动车道宽度、道路总宽、分隔带设置等判断道路等级是高速公路、一级路、二级路、三级路、四级路，还是等外公路。

(2)道路特征。是否存在急弯、坡道、滑坡、积水、路口分叉、隧道、路障、软路肩或无护栏，是否有施工路段，是否有拥堵，是否有禁行路段，交通环境是否复杂，是否存在车辆行人混乱。

(3)交通设施状况。沿途道路的照明、指示标志、交通灯、警示灯、电子监控等是否存在缺陷。

(4)影响区人员分布。危险货物道路运输事故影响区人员分布通常以影响区人员密度表示。人口密度主要考虑整个路径带宽(运输路径两侧事故后果下风向最大影响距离之间的宽度)内人口密度的变化情况。人员密度可以从多渠道获得，如调查报告、地区人口统计数据、地图以及对路线的实地考察等。

在确定人口密度的过程中，还需要注意以下几点：一是，应考虑人口的暂时变化情况。如人口的昼夜变化情况（如工业区、居民区等），事故后果导致死亡的人数与人员在室内或在户外密切相关。二是，如果路线的一侧为森林、河流、湖泊、海洋或其他无人区，则人口密度主要考虑有人的一侧。三是，需考虑敏感人群，如医院、学校、监狱、体育场馆等人群，他们对危险货物道路运输事故特别敏感，或是不容易被疏散开。

需要指出的是，在线路勘察过程中，应当对存在的危险点，如特殊的路段进行拍摄，以在出车前对驾驶人员进行展示，有利于驾驶人员对危险点的认识和掌握。同时，不同时间段进行实地勘察所得出的风险辨识结果会存在很大差异，所以企业需要根据驾驶人员的运行反馈及时进行调整，并且定期组织安全管理人员对线路进行重新勘察。

三、线路风险评估、防控

在线路风险辨识的基础上，运用线路风险等级评定标准，企业可以组织安全管理人员，或选取该路段的驾驶人员，集中对每段道路风险值进行打分，而后经过数据处理，得出每段道路风险值并进行等级判断。安全管理人员可以根据不同的路段风险等级设置不同的防控措施，具体见表4-6。

不同路段风险等级的防控措施　　表4-6

道路风险等级	防控措施
一级	十分危险，此路段/路点需要专项监控，发现途经此处的车辆异常后，在10分钟内必须电话沟通确认
二级	危险性较大，此路段/路点需要重点监控，发现途经此处的车辆异常后，在20分钟内必须电话沟通确认
三级	一般危险，此路段/路点正常监控即可，发现途经此处的车辆异常后，在30分钟内必须电话沟通确认
四级	潜在危险，此路段/路点正常监控即可，发现途经此处的车辆异常后，在60分钟内必须电话沟通确认

对危险货物道路运输风险防控的措施，需要结合企业信息管理系统，在系统标注危险点，通过信息推送等方式及时提醒驾驶人员应注意的危险点以及驾驶操作要求。除通过路段风险等级划分提高监管效率和安全之外，企业还可以将路段风险等级的高低与驾驶人员的薪酬结合，以提高驾驶人员安全驾驶的积极性。

四、线路风险管理案例

以下案例是依托××能源物流有限公司LNG运输典型线路——北海铁山港至永安电厂段进行阐述的。

1. 线路风险辨识

该运输线路起点为北海铁山港槽车灌装站，位于广西北海市铁山港LNG接收站，终点为永安电厂门站（中山小榄镇中山市永安电厂），全长约500km，跨越广西和广东两省。经过

S21、G75、G15、S26 深罗高速公路、G94 珠三角环线、庆丰路、沙古、古神公路、永宁工业大道和联岗路到达门站。

1)线路描述

线路描述见表 4-7。

线路描述 表 4-7

序号	线路描述
1	从站点出来,朝北行驶 4.5km,左转进入四号路
2	沿四号路行驶 7.5km,稍向右转进入北铁一级公路
3	沿北铁一级公路行驶 2.5km,左转
4	沿资铁高速公路/玉铁高速公路/S21 行驶 15km(经铁山港收费站),从湛江/海口/G75 出口离开,进入兰海高速公路/G75
5	沿兰海高速公路/G75 行驶 91.0km(经桂海收费站),从海口/广州出口离开,朝广州/G15 方向,进入沈海高速公路/G15
6	沿沈海高速公路/G15 行驶 328.2km,从江门/共和/中山/深圳/珠海/S26/S270 出口离开,进入深罗高速公路/S26
7	沿深罗高速公路/S26 行驶 36.1km,从横栏/古镇出口离开(经横栏收费站),朝古镇/江门/小榄方向,左转进入 S268(旧)/长安北路
8	沿 S268(旧)/长安北路行驶 140m,稍向右转进入庆丰路
9	沿庆丰路行驶 1.0km,左转行驶 0.5km,进入沙古公路,沿沙古公路行驶 1.3km,稍向右转行驶 350m,稍向右转进入古神公路
10	沿古神公路行驶 5.1km,右转进入 S364/菊城大道中
11	沿 S364/菊城大道中行驶 0.7km,左转进入永宁工业大道,沿永宁工业大道行驶 2.6km,左转进入联岗路,沿联岗路行驶 1.5km,到达永安电厂

2)线路风险描述

根据线路自身条件、路况情况、地域环境等,分别对沿线路段存在的风险进行描述,具体如下。

(1)门站到高速公路路口

门站—北铁公路。双向三车道,多车,多行人,容易发生超车、追尾事故,需要严控车速在 30km/h 以下,禁止强行超车。

北铁公路—资铁高速/玉铁高速。单向两车道、有隔离带、途经工业园、村镇,多行人,道路施工,易发生碰撞、剐蹭事故,需要控制车速在 60km/h 以下,避让行人。

(2)高速公路路段

路段 1:

玉铁高速北铁—罗屋路段。双向两车道,车流量较少、路况好,控制好车速在 80km/h 以下,避让入口处车辆,防止超速、追尾。

铁山港大桥。双向两车道,需要控制车速是 60km/h 以下,禁止强行超车。

G75 湛江—合山高速段。双向两车道，道路起伏颠簸、隧道较多，严控车速在 80km/h 以下。

路段 2：

G15 湛江—茂名段。双向两车道，有长坡。茂名段多油罐车，官渡地区多维修、路况较差，严控车速在 80km/h 以下，避让入口处车辆，防止超速、追尾。

G15 茂名—江门段。双向两车道，丘陵路段，道路起伏颠簸，严控车速在 80km/h 以下，防止超速、追尾。

S26 深罗高速公路、G94 珠三角环线。双向两车道，多弯道、缓坡，台风暴雨下行车困难，严控车速在 80km/h 以下，防止超速、追尾。

（3）高速公路出口—门站路段

高速公路出口站，高速路口车流量较大，行人车辆混乱，容易发生剐蹭；出口左转后马上右转，容易错过路口。在该路段需要运用防御性驾驶要点，驾驶员和押运员同时观察，注意前后左右车辆和行人，并按图示转向。

沙田公路—门站。单向三车道，城镇道路，人员、摩托车和社会车辆行驶混乱。车道变窄，容易发生抢道剐蹭。同时由于人员、车辆不遵守交规，行驶混乱，易发生危险。在该路段，主副驾同时观察，运用防御性驾驶要点，躲避行人和社会车辆。

需要指出的是，企业在风险辨识的过程中可以配以在实地查勘过程中拍摄的图片或视频，以加深驾驶人员在驾驶过程中对风险点的识别。同时，企业还可以根据沿线风险点识别情况，制作线路安全卡，对关键的路线风险及防控措施、车速、路线节点等信息予以标记，如图 4-1 所示。

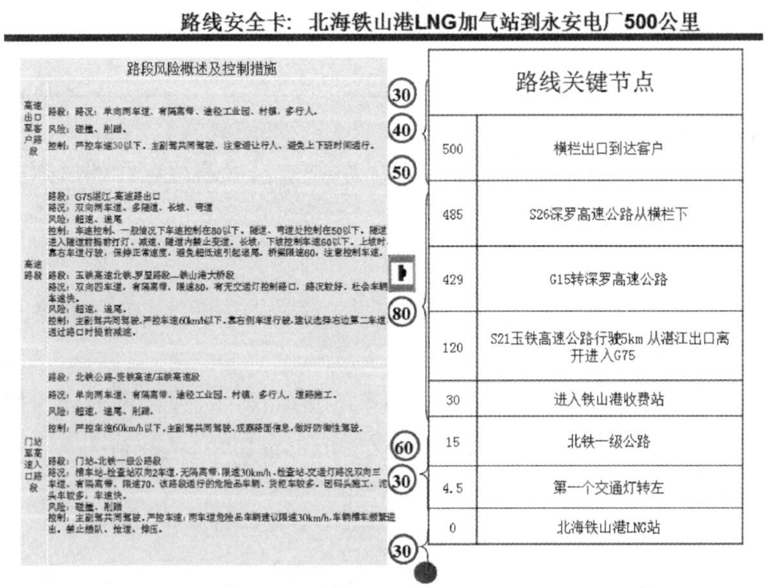

图 4-1 线路安全卡

在线路安全卡的背面，还可以标注防御性驾驶的要点、路途中遇见的主要交通标志牌等信息。

2. 风险评估

结合上述风险描述，主要考虑路段的道路技术等级以及路况特征，将线路分成五段进行风险等级评估。

(1)门站—北铁公路段。

本段运输路线以双向三车道，车道宽度达到3.75m，车速控制在30km/h，有分隔带，$B=2$。平路、直路为主，沿线车多，道路特征取值9分；照明、指示标志灯交通设施良好，交通状况取值5分；沿线人口密度大，影响区人员分布取值8分；当日天气晴朗，状态良好，气象状况取值3分；易疲劳程度取值4分。因此，道路风险可能性 $L=9+5+8+3+6=29$ 分。道路风险后果C为较大事故，取值5分。该段全长15km，风险取值为0.6。由式(4-1)可计算得到该路段危险货物道路风险值为：$D=2\times29\times5\times0.6=174$。

(2)北铁公路—资铁高速/玉铁高速公路。

本段运输路线是每向二车道的一级公路，$B=1.1$；以平路、直路为主，途经工业园、村镇，车多，道路特征取值9分；照明、指示标志灯交通设施良好，交通状况取值5分；沿线多行人，人口密度大，影响区人员分布取值为8分；当日天气晴朗，状态良好，气象状况取值为3分；平路为主，易产生疲劳，易疲劳程度取值为6分。因此，道路风险可能性 $L=9+5+8+3+6=31$(分)。道路风险后果C为较大事故，取值5分。该段全长15km，风险取值为0.6。由式(4-1)可计算得到该路段危险货物道路风险值为：$D=1.1\times31\times5\times0.6=102.3$。

(3)玉铁高速公路北铁—罗屋路段—铁山港大桥。

本段运输路线是双向两车道高速路，$B=1$；车流量较少、路况好，道路特征取值3分；照明、指示标志灯交通设施良好，交通状况取值5分；沿线居民少，影响区人员分布取值4分；当日天气晴朗，状态良好，气象状况取值3分；平路为主，易产生疲劳，易疲劳程度取值6分。因此，道路风险可能性 $L=3+5+4+3+6=21$(分)。道路风险后果C为一般事故，取值为3分。该段全长90km，风险取值0.6。由式(4-1)可计算得到该路段危险货物道路风险值为：$D=1\times21\times3\times0.6=37.8$。

(4)G75湛江—某高速公路路出口

本段运输路线是双向两车道高速路，$B=1$；道路起伏颠簸、隧道较多，长坡，官渡地区多维修、路况较差，道路特征取值10分；照明、指示标志灯交通设施良好，交通状况取值5分；沿线居民少，影响区人员分布取值4分；当日天气晴朗，状态良好，气象状况取值为3分；易疲劳程度取值6分。因此，道路风险可能性 $L=10+5+4+3+6=28$(分)。道路风险后果C为一般事故，取值为3分。该段全长365km，风险取值1.2。由式(4-1)可计算得到该路段危险货物道路风险值为：$D=1\times28\times3\times1.2=100.8$。

(5)某高速路出口—门站路段

本段运输路线以双向六车道一级路，车速控制在30km/h以下，$B=2$；以平路、直路为主，但城镇道路，人员、摩托车和社会车辆行驶混乱，道路特征取值9分；照明、指示标志灯交通设施良好，交通状况取值5分；沿线人口密度大，影响区人员分布取值为8分；当日天气晴朗，状态良好，气象状况取值为3分；易疲劳程度取值为4分。因此，道路风险可能性 $L=9+5+8+3+4=29$（分）。道路风险后果C为较大事故，取值为5分。该段全长15km，风险取值为0.6。由公式1可计算得到该路段危险货物道路风险值为：$D=2\times29\times5\times0.6=174$。

3. 风险控制

从以上五个路段的风险评价结果来看，运输线路"两头"即门站—北铁一级公路段、高速路出口—门站路段的风险最高，指数值为174，主要是由于其所处市郊，人流、车流较大，对危险货物事故反应敏感；其次为G15湛江—高速路出口段，指数值为100.8，主要是因其道路起伏颠簸，多弯道、长缓坡；北铁公路—资铁高速公路/玉铁高速公路段风险值则为102.3；而玉铁高速公路北铁—罗屋路段—铁山港大桥段风险指数值最低，为37.8。根据道路风险等级划分标准，除玉铁高速公路北铁—罗屋路段—铁山港大桥段为风险等级四级以及"两头"路段风险等级二级外，其余两个路段均为风险等级三级。除玉铁高速公路北铁—罗屋路段—铁山港大桥段风险可忽略、目前无须采取任何措施外，其余四个路段均应根据采取不同程度的风险监控或应对措施。

（1）门站—北铁一级公路段、高速公路出口—门站路段。该路段应利用车载GPS系统，对车辆的行驶状态进行重点监控，一旦发现途经此处的车辆存在超速、强行超车等异常情况，在20分钟内必须电话沟通确认；并在事后对驾驶人员进行相应的警示和处理。

（2）G15湛江—高速路出口段、北铁公路—资铁高速公路/玉铁高速段。该路段应对车辆的行驶状态进行正常监控，发现途经此处的车辆存在超速、强行超车等异常情况后，在30分钟内必须电话沟通确认；并在事后对驾驶人员进行相应的警示和处理。

（3）玉铁高速北铁—罗屋路段—铁山港大桥段。该路段应对车辆的行驶状态进行正常监控，发现途经此处的车辆存在超速、强行超车等异常情况后，在60分钟内必须电话沟通确认；并在事后对驾驶人员进行相应的警示和处理。

第二节　运营风险管理

在实践中，系统考虑危险货物运输、装卸整个环节存在的风险，并开展相应的风险辨识、评估工作的企业主要集中在运用HSE管理体系的大型国有运输企业、外资企业以及部分民营企业。其开展运营风险管理的核心是围绕"人、机、物、环、管"五大因素，对运输乃至前后端装卸环节可能导致危险事件引发事故后果的风险进行辨识，并对这些因素进行风险等级判断，运用算数平均或加权平均的方式得出企业的整体运营风险等级，根据风险等级进行安全管理措施的优化，进而确保企业的运营风险整体可控。

危险货物道路运输风险辨识的范围包括从装载或充装货物结束后交货上路，直至最终到达收货人场所交付货物结束的整个过程。由于运输距离长，包括装卸、驾驶、休息停车、住宿或所需检查的活动，因此，整个运营风险辨识活动是围绕参与这些活动开展的。

一、运营风险辨识

辨识内容围绕危险事件产生的原因(危险),即人、车辆及设备、货物、环境以及管理五大因素进行辨识。在完成每项风险因素辨识之后,需要运用风险评估方法对每个风险因素结合公司实际安全管理的状况进行初步风险等级判断,目前企业较多采用的是LEC法。危险货物运输企业需要组织安全管理人员、驾驶人员以及相关作业人员,依据过去的经验、有关知识经充分讨论,估定L、E、C的分数值。然后通过$D = L \times E \times C$来计算三个指标的乘积,得出危险性分数值,三者分值具体见表4-8。

LEC法变量分值 表4-8

*L*分值	事故发生的可能性L	*E*分值	暴露于危险环境的频繁程度E	*C*分值	发生事故产生的后果C
10	完全可以预料	10	连续暴露	100	大灾难,许多人死亡
6	相当可能	6	每天工作时间内暴露	40	灾难,数人死亡
3	可能,但不经常	3	每周一次或偶然暴露	15	非常严重,一人死亡
1	可能性小,完全意外	2	每月一次暴露	7	严重,重伤
0.5	很不可能,可以设想	1	每年几次暴露	3	重大,致残
0.2	极不可能	0.5	非常罕见暴露	1	引人注意,需要救护
0.1	实际不可能				

确定上述3个具有潜在危险性的作业条件分值后,按照公式进行计算,即可得到危险性分值。同时按照下述标准进行评定,并根据表4-9所列的分数来定义风险等级。

LEC法危险性分值及风险等级评价标准 表4-9

D 值	危险程度	风险等级	
>320	极其危险,不能继续作业	1	Ⅰ重大
160~320	高度危险,要立即整改	2	
70~160	显著危险,需要整改	3	Ⅱ中度
20~70	一般危险,需要注意	4	Ⅲ轻微
<20	稍有危险,可以接受	5	

由经验可知,危险性分值在20以下的属于低危险性,比骑自行车通过拥挤的马路去上班之类日常活动的危险性还要低,一般可以被人们所接受;当危险性分值在20~70时,则需要加以注意;危险性分值70~160时,则有明显的危险,需要采取措施进行整改;危险性分值在160~320的作业时,必须立即采取措施进行整改;危险性分值在320以上时,则表示该作业条件极其危险,应立即停止作业直到作业条件得到改善为止。控制措施可以从以下几个方面考虑:一是消除风险,增强设备的、人的本质安全性;二是降低危险,采取隔离、技术措施,管理控制;三是增强个人防护,使用个体防护用品。

二、运营风险管理案例

以××能源物流有限公司运输LNG和CNG为例,分析该公司在运输过程中存在的系统性风险。LNG、CNG道路运输风险辨识、评估清单的主要内容见表4-10。

表 4-10

LNG、CNG 道路运输风险辨识、评估清单

1. 类别：人的因素

1）驾驶行为

序号	活动/过程/区域	危险因素	可能导致的事件/事故	风险评价					典型防范措施	责任人	备注
				L	E	C	D	RPN			
1	驾驶	驾驶时间过长	负荷超限、疲劳驾驶、错误操作、交通事故	3	10	3	90	三级	严格执行驾驶时间规定。驾驶人员在 24 小时内连续工作时间不得超过 16 小时，在 24 小时内最长驾驶时间不得超过 10 小时，连续驾驶 4 小时至少有 20 分钟的休息时间		
2	驾驶	睡眠不足、质量差		3	10	3	90	三级	驾驶人员出车前，安全管理人员应询问驾驶人员的睡眠休息情况；或通过简单的询问和测试等方式判断驾驶人员的反应能力		
3	驾驶	人体生理疲劳时间段易出现疲劳		1	6	15	90	三级	避免疲劳时间段驾驶；行驶中出现疲劳，应寻找合适的停靠地点进行短暂休息		
4	驾驶	由于年龄等因素导致生理机能减退，易疲劳		1	2	7	14	五级	聘用 60 岁以下的驾驶人员，并通过定期体检发现是否存在慢性生理疾病，影响长时间工作的抗压能力		
5	驾驶	交通状况闲散，路况平坦，视觉疲劳		1	6	7	42	四级	保持视线灵活不停地左右扫视，避免长时间凝视		
6	驾驶	夜间驾驶视力变差且易产生视觉疲劳，观察判断力下降		6	6	1	36	四级	尽量避免夜间行车。如夜间行车应正常使用行驶灯光，严格控制车速，增加跟车距离；尽量避免夜间超车，必须超车时，应连续变换远近光等告知前车，在确实判定前车允许超越后，再进行超车；夜间行车应注意行人和非机动车，注意道路中的障碍物、施工指示信号灯等		

续上表

序号	活动/过程/区域	危险因素	可能导致的事件/事故	风险评价					典型防范措施	责任人	备注
				L	E	C	D	RPN			
7	驾驶	酒后驾驶	冒险行为、交通事故	1	6	15	90	三级	安全培训，提高安全意识；发挥押运员监督作用，禁止酒后驾驶；有条件的企业，出车前可进行酒精测试；发现酒后驾驶，应调离岗位		
8	驾驶	超速驾驶	操作失误、交通事故	3	6	1	18	五级	安全培训，提高安全意识；通过行车记录仪进行提示，并事后根据情节严重程度进行警告或调离岗位		
9	驾驶	突发心脏病等疾病	情绪异常、注意力不集中、操作失误、交通事故	1	2	7	14	五级	定期安排驾驶人员进行体检；驾驶人员如果有身体不适，应及时告知安全管理人员		
10	驾驶	服用驾驶忌服药物		3	2	7	42	四级	禁止出车，避免药物副作用对驾驶安全影响		
11	驾驶	吸食毒品		1	2	15	30	四级	定期进行体检；从业人员之间相互监督，建立举报制度		
12	驾驶室	车内环境不适宜，包括湿度、温度、噪声及振动情况		0.5	10	7	35	四级	驾驶人员应及时与安全管理人员沟通，对车辆进行维修保养或车辆更新		

续上表

序号	活动/过程/区域	危险因素	可能导致的事件/事故	风险评价					典型防范措施	责任人	备注
				L	E	C	D	RPN			
13	驾驶	年龄、疾病等因素导致判断和反应能力下降	操作失误、交通事故	1	2	7	14	五级	通过简单的询问和测试等方式判断驾驶人员的反应能力，如不能适应驾驶岗位，应及时调离		
14	隧道	视觉暗适应或明适应过程中感知迟延		3	6	15	270	二级	进入隧道时，应提前减速，并以隧道的提示速度在隧道中行驶，按顺序跟前车保持一定的距离进行行驶；尽量不要超车，遇到紧急情况时也要顾及其他车辆的安全。出隧道之后，应看清路况之后方缓慢加速，以保证行车安全		
15	驾驶	阴雨雪雾、风沙天气等低能见度天气时可见度降低，视线不清	操作失误、交通事故	1	1	15	15	五级	尽量避免恶劣天气行车。如行车，应双手紧握转向盘；集中精力注意前方车辆及行人的动态；保持中低车速，扩大与前车距离，随时准备停车；正确使用车灯和喇叭。雨天应正确使用刮水器，适时开启制冷装置，消除雾气		
16	驾驶	夜间驾驶人员在闪光或遇到对向灯光照射后，短时间内看不到东西		6	6	1	36	四级	不要直视对面车灯；控制车速和跟车距离		
17	驾驶	思想波动、注意力不集中	冒险行为、操作失误、交通事故	3	2	7	42	四级	避免出车；如果可能，出车前安全管理人员可通过测试等方式判断驾驶人员的精神状态		

续上表

序号	活动/过程/区域	危险因素	可能导致的事件/事故	风险评价					典型防范措施	责任人	备注
				L	E	C	D	RPN			
18	驾驶	存有冒险心理，过度紧张	操作失误、交通事故	3	2	7	42	四级	招聘时通过试驾判断驾驶人员性格；如已从业，可通过日常行车记录仪进行判断，根据情节严重程度进行警告或调离驾驶岗位		
19	驾驶	不系安全带	自身伤害、二次伤害	6	6	1	36	四级	安全培训，提高安全意识；通过 GPS 视频监控进行提示，并事后根据情节严重程度进行警告或调离岗位		
20	驾驶	驾驶时使用手机	注意力不集中、操作失误、交通事故	6	6	1	36	四级	安全培训，提高安全意识；发挥押运员监督作用；通过 GPS 视频监控进行提示，并事后根据情节严重程度进行警告或调离岗位		
21	驾驶	驾车时吸烟、饮食或者有其他妨碍安全行车行为	注意力不集中、操作失误、交通事故	3	6	3	54	四级			
22	驾驶	不按规定车道行驶	交通事故	1	6	3	18	五级			

续上表

序号	活动/过程/区域	危险因素	可能导致的事件/事故	风险评价					典型防范措施	责任人	备注
				L	*E*	*C*	*D*	RPN			
23	驾驶	违章掉头、变道	交通事故	1	6	3	18	五级	安全培训，提高安全意识；发挥押运员监督作用；通过 GPS 视频监控进行提示，并事后根据情节严重程度进行警告或调离岗位		
24	驾驶	违反交通信号指示，抢行	交通事故	3	6	3	54	四级			
25	驾驶	向右转弯遇同车道内前方有车等候放行信号时，强行转弯	交通事故	3	6	3	54	四级			
26	驾驶	驾驶车辆时跟车距离近	追尾事故	6	6	3	108	三级			
27	驾驶	驾驶车辆转弯时速度过快	侧翻	1	6	15	90	三级			
28	驾驶	驾车车辆下陡坡时空挡滑行	机械损坏（如变速箱）、制动器失灵、交通事故	6	6	3	108	三级			
29	驾驶	不按规定超车、会车	剐蹭、碰撞事故	3	6	3	54	四级			
30	驾驶	不按规定使用防眩目近光灯、远光灯、示宽灯、尾灯、雾灯	眩光、交通事故	3	6	1	18	五级			
31	驾驶	低能见度下在高速公路上不按规定行驶	交通事故	1	1	15	15	五级			
32	驾驶	在高速公路违法倒车	交通事故	0.5	6	7	21	四级			

续上表

序号	活动/过程/区域	危险因素	可能导致的事件/事故	风险评价					典型防范措施	责任人	备注
				L	*E*	*C*	*D*	RPN			
33	驾驶	车辆发生故障、事故停车后，不按规定使用灯光和设置警告标志	交通事故	6	3	3	54	四级	安全培训，提高安全意识；发挥押运员监督作用；通过 GPS 视频监控进行提示，并事后根据情节严重程度进行警告或调离岗位		
34	驾驶	违法停车	碰撞事故	1	2	7	14	五级			
35	驾驶	穿拖鞋驾驶车辆	交通事故	1	6	1	6	五级			
36	驾驶	制动不当	交通事故	3	3	7	63	四级			
37	驾驶	转向不当	交通事故	3	3	7	63	四级	加强驾驶培训，减少操作失误		
38	驾驶	加速踏板控制不当	交通事故	3	3	7	63	四级			
39	驾驶	其他操作不当	交通事故	3	3	7	63	四级			
40	各区域	未经培训合格上岗	交通事故	1	1	15	15	五级	禁止上岗；落实车队责任主体		
41	驾驶	驾驶人员卧铺休息时头不朝向驾驶侧	二次伤害	3	1	15	45	四级	加强从业人员培训；发挥押运员监督作用；通过 GPS 视频监控进行提示		

2)装卸区

序号	活动/过程/区域	危险因素	可能导致的事件/事故	风险评价					典型防范措施	责任人	备注
				L	E	C	D	RPN			
1	装卸区	车辆进出场站未按照限速要求行驶	交通事故	1	3	7	21	四级	严格按照装场站进出站限速要求行驶		
2	装卸区	车辆进入场站未接防火帽,产生火花	火灾	0.5	1	100	50	四级	执行三检操作规程		
3	装卸区	CNG子站车辆、人员较多,环境复杂	注意力不集中、碰撞事故	6	6	1	36	四级	执行摘挂车操作规程		
4	装卸区	车辆进入场站搭铁带未提起,静电释放	火灾	3	6	1	18	五级	执行进出站管理要求		
5	装卸区	车辆出场站后静电搭铁带未放下,静电积累	在遇可燃气体达到一定温度下,容易引发火灾	3	6	1	18	五级	执行进出站管理要求		
6	装卸区	场站内倒车单人操作	碰撞事故	3	6	3	54	四级	严格执行摘挂车操作规程		
7	装卸区	人员进入场站未穿防静电服,静电积累	火灾	1	6	3	18	五级	执行进出站管理要求		
8	装卸区	车辆进入充装台未垫三角木	车辆滑行、拉拽管束和充装设施	6	6	1	36	四级	监督提醒场站人员及时放置		
9	装卸区	后操作箱打开后未及时挂好风钩	意外伤害、设备损坏	3	6	1	18	五级	严格按照装卸操作规程执行,及时固定后操作箱		
10	装卸区	充装过程中未接静电搭铁带,静电积累	火灾	1	6	7	42	四级	及时检查搭铁线是否接牢,严格按照操作规程执行		

续上表

序号	活动/过程/区域	危险因素	可能导致的事件/事故	风险评价					典型防范措施	责任人	备注
				L	E	C	D	RPN			
11	装卸区	装卸气过程中，静电搭铁线虚接，静电积累	火灾	1	6	1	6	五级	及时检查搭铁线是否接牢，严格按照操作规程执行		
12	装卸区	装卸气过程中，设备管路裂纹、法兰封闭不严	泄漏、火灾	3	1	15	45	五级	执行企业三检操作规程		
13	装卸区	装卸气过程中，使用非防爆工具产生火花	火灾	1	6	7	42	四级	及时纠正，向相关方反馈要求		
14	装卸区	装卸气过程中，使用手机等通信工具	火灾	1	6	7	42	四级	严格执行场站管理规定		
15	装卸区	装卸气过程中，启动车辆并前进	设备损坏	1	6	7	42	四级	严格执行摘挂车操作规程		
16	装卸区	LNG 装卸气过程中，人员未按规定穿戴护目镜、安全帽、手套等防护用具	人身伤害	3	6	1	18	五级	严格执行场站管理规定		
17	装卸区	LNG 充装过多，测满阀外溢	泄漏	6	6	1	36	四级	执行装气操作规程		
18	装卸区	牵引车、挂车分离前未关闭气管、电路	设备损坏	3	6	1	18	五级	严格执行摘挂车操作规程		

续上表

序号	活动/过程/区域	危险因素	可能导致的事件/事故	风险评价					典型防范措施	责任人	备注
				L	E	C	D	RPN			
19	装卸区	摘挂车操作，鞍座、支腿操作未按操作规范执行	设备损坏	3	6	1	18	五级	严格执行摘挂车操作规程		
20	装卸区	摘挂车过程单人操作，鞍座检查不到位	牵引车和挂车分离、碰撞	6	6	1	36	四级	严格执行摘挂车操作规程		
21	装卸区	更换CNG槽车阀门时未将管束内压力排净	人身伤害	0.5	1	7	3.5	五级	执行三检操作规程		

2. 类别：设备设施因素

1）车辆（牵引车）

序号	活动/过程/区域	危险因素	可能导致的事件/事故	风险评价					典型防范措施	责任人	备注
				L	E	C	D	RPN			
1	驾驶室	驾驶室座椅不舒适、不可调节	影响驾驶人员情绪，引发交通事故	3	2	3	18	五级	驾驶人员及时反馈，维修、更换		
2	驾驶室	驾驶室有障碍物，影响前方和侧方视野	影响视线，引发交通事故	3	2	7	42	四级	驾驶人员及时清除		
3	驾驶室	驾驶室的空气调节系统失灵	影响情绪，引发交通事故	3	2	7	42	四级	驾驶人员及时反馈，维修、更换		
4	发动机	起动机铜套、线圈烧毁损坏	车辆不能正常启动	3	1	1	3	五级	严格执行三检操作规程		
5	发动机	发电机轴承、线圈损毁造成不发电	电池亏电、不能正常启动	3	1	1	3	五级	严格执行三检操作规程		

续上表

序号	活动/过程/区域	危险因素	可能导致的事件/事故	风险评价					典型防范措施	责任人	备注
				L	E	C	D	RPN			
6	转向系统	转向桥失灵	碰撞事故	1	0.5	100	50	四级	严格执行三检操作规程		
7	转向系统	侧倾稳定角过高	影响操作性、轮胎磨损，引发交通事故	3	1	7	21	四级	严格执行三检操作规程		
8	转向系统	转向盘突然不灵、转向后不能自动回正	引发交通事故	1	6	1	6	五级	严格执行三检操作规程		
9	转向系统	前轮的侧滑量过大	制动失灵、行驶阻力大，引发交通事故	3	1	7	21	四级	严格执行三检操作规程		
10	转向系统	未按规定采用助力装置	引发交通事故	3	1	7	21	四级	严格执行三检操作规程		
11	转向系统	转向调节装置损坏	不能调节到最佳位置，增加操作强度，疲劳驾驶	3	1	7	21	四级	严格执行三检操作规程		
12	转向系统	横竖拉杆行驶中拉杆球头脱落	转向失控，引发交通事故	1	10	7	70	四级	严格执行三检操作规程		
13	制动系统	制动跑偏量不符合要求	引发交通事故	3	1	7	21	四级	严格执行三检操作规程		
14	制动系统	制动传动管路密封等不符合要求	引发交通事故	3	1	7	21	四级	严格执行三检操作规程		
15	制动系统	制动踏板防滑胶垫损坏脱落，遇到此情况踩制动踏板时脚容易打滑	引发交通事故	3	2	15	90	三级	严格执行三检操作规程		

续上表

序号	活动/过程/区域	危险因素	可能导致的事件/事故	风险评价					典型防范措施	责任人	备注
				L	*E*	*C*	*D*	RPN			
16	制动系统	驾驶车辆时制动泵损坏	制动失灵，引发交通事故	3	6	7	126	三级	严格执行三检操作规程		
17	制动系统	山区下坡时连续使用制动致使制动片过热	制动失灵	3	2	15	90	三级	严格执行三检操作规程		
18	行驶系统	转向轮使用翻新的轮胎	引发交通事故	3	3	3	27	四级	严格执行三检操作规程		
19	行驶系统	轮胎磨损、破裂和割伤严重	引发交通事故	3	3	3	27	四级	严格执行三检操作规程		
20	行驶系统	轮胎放炮	侧翻、碰撞交通事故	6	0.5	15	45	四级	严格执行三检操作规程		
21	行驶系统	轮胎爆胎	侧翻、碰撞交通事故	6	6	3	108	三级	严格执行三检操作规程		
22	行驶系统	减振器失效	车身挤压变形	6	2	1	12	五级	严格执行三检操作规程		
23	行驶系统	行驶中轴头损坏，轮胎甩出	侧翻、碰撞事故	3	0.5	100	150	三级	严格执行三检操作规程		
24	传动系统	中间轴承和万向节有裂纹和松弛现象	引发交通事故	6	2	1	12	五级	严格执行三检操作规程		
25	传动系统	行驶中传动轴前接头脱落支地	车辆失控、翻车	6	0.5	40	120	三级	严格执行三检操作规程		
26	传动系统	水泵轴承损坏	水温过高，容易拉缸	6	2	1	12	五级	严格执行三检操作规程		

续上表

序号	活动/过程/区域	危险因素	可能导致的事件/事故	风险评价					典型防范措施	责任人	备注
				L	E	C	D	RPN			
27	传动系统	风扇皮带断裂	水温升高，发动机损坏	1	2	3	6	五级	严格执行三检操作规程		
28	电气、照明、信号、仪表系统	照明及信号装置不完好	交通事故	6	6	3	108	三级	严格执行三检操作规程		
29	电气、照明、信号、仪表系统	蓄电池消耗严重或损坏	车辆不能正常起动	6	6	1	36	四级	严格执行三检操作规程		
30	电气、照明、信号、仪表系统	极板断格、脱落、缺液	车辆不能正常起动	10	6	1	60	四级	严格执行三检操作规程		
31	电气、照明、信号、仪表系统	′线路老化、连电	车辆不能正常启动	3	6	7	126	三级	严格执行三检操作规程		
32	电气、照明、信号、仪表系统	车速表失灵	超速引发交通事故	6	6	1	36	四级	严格执行三检操作规程		
33	电气、照明、信号、仪表系统	空气压缩机工作不正常，造成气压低	无制动气压，引发交通事故	3	1	3	9	五级	严格执行三检操作规程		
34	电气、照明、信号、仪表系统	刮水器不能正常工作	交通事故	6	6	3	108	三级	严格执行三检操作规程		

续上表

序号	活动/过程/区域	危险因素	可能导致的事件/事故	风险评价					典型防范措施	责任人	备注
				L	E	C	D	RPN			
35	安全防护装置	未按要求配备有效的灭火装置	扩大事故影响	6	6	3	108	三级	严格执行三检操作规程		
36	安全防护装置	排气管未安装有效隔热和熄灭火星装置	火灾	3	1	3	9	五级	严格执行三检操作规程		
37	安全防护装置	尾部未按要求安装搭铁带	火灾	6	6	1	36	四级	严格执行三检操作规程		
38	安全防护装置	紧固装置失效	机械损坏	3	6	7	126	三级	严格执行三检操作规程		
39	安全防护装置	安全带损坏、失效	二次伤害	6	6	1	36	四级	严格执行三检操作规程		
40	安全防护装置	挡泥板损坏	后轮飞溅的砂石会对后尾灯光造成损坏；若后轮间夹带石块甩出，会对后车造成伤害；人身伤害	6	10	1	60	四级	严格执行三检操作规程		
41	安全防护装置	行驶中牵引销折断	挂车脱落	3	6	7	126	三级	严格执行三检操作规程		
42	安全防护装置	行驶中鞍座开焊	挂车脱落	3	3	15	135	三级	严格执行三检操作规程		
43	安全防护装置	空气干燥器冬天干燥器损坏	制动管路冰堵、制动失灵，引发交通事故	1	6	15	90	三级	严格执行三检操作规程		
44	回油管	回油管漏油靠近发动机	火灾	3	1	15	45	四级	严格执行三检操作规程		
45	回油管	回油管漏油	污损路面	3	1	7	21	四级	严格执行三检操作规程		

2)罐体设备(LNG\CNG)

序号	活动/过程/区域	危险因素	可能导致的事件/事故	风险评价					典型防范措施	负责人	备注
				L	E	C	D	RPN			
1	测量调控装置	压力容器罐体液位计损坏	测量不准、超装、泄漏	1	6	3	18	五级	执行三检操作规程		
2	罐体及安全附件	压力容器真空丧失	罐体压力升高、安全阀起跳、泄漏	1	6	15	90	三级	执行三检操作规程,确保设备完好		
3	安全保护装置	压力容器压力表、截止阀密封圈老化	泄漏	6	6	1	36	四级	执行三检操作规程,确保设备完好		
4	罐体及安全附件	重车由于追尾事故LNG管路与罐体连接处产生裂缝	泄漏	1	1	40	40	四级	执行泄漏应急预案		
5	安全保护装置	罐车截止阀、紧急切断阀密封圈老化	泄漏	6	2	1	12	五级	用布条缠绕好漏点,用水浇注结冰堵漏,到达场站后及时更换		
6	安全保护装置	罐车截止阀、紧急切断阀螺母松动	泄漏	6	2	1	12	五级	执行泄漏应急预案		
7	罐体及安全附件	未安装罐车管路盲板	扩大泄漏量	3	2	1	6	五级	执行三检操作规程		
8	罐体及安全附件	罐体设备维修过程中防护、监护不到位	泄漏	3	3	3	27	四级	用防爆工具紧固螺母		

续上表

序号	活动/过程/区域	危险因素	可能导致的事件/事故	风险评价					典型防范措施	负责人	备注
				L	*E*	*C*	*D*	RPN			
9	罐体及安全附件	罐体安全标识老化	导致事故后果扩大	6	2	3	36	四级	主副驾驶员相互提醒监督		
10	装置	长管拖车端塞O形圈老化	泄漏	6	3	1	18	五级	执行三检操作规程，及时更换，避免不必要的经济损失		
11	罐体及安全附件	长管拖车对丝断裂或未拧紧	泄漏	6	3	1	18	五级	执行三检操作规程，及时更换		
12	罐体及安全附件	长管拖车爆破片爆破	泄漏	0.5	0.5	40	10	五级	气温低至0℃前检查爆破片雨水管和防护帽		
13	罐体及安全附件	长管拖车瓶体转动	泄漏	1	1	15	15	五级	执行三检操作规程		
14	安全保护装置	CNG子站车手动阀O形圈老化	泄漏	3	3	1	9	五级	执行三检操作规程，加大检查力度，发现问题，及时修复		
15	安全保护装置	CNG子站车气动阀O形圈老化	泄漏	3	3	1	9	五级	执行三检操作规程，加大检查力度，发现问题，及时修复		
16	安全保护装置	CNG子站车手动阀密封圈老化	泄漏	3	3	1	9	五级	执行三检操作规程，加大检查力度，发现问题，及时修复		
17	安全保护装置	CNG子站车气动阀密封圈老化	泄漏	3	3	1	9	五级	执行三检操作规程，加大检查力度，发现问题，及时修复		
18	安全保护装置	CNG子站车注回油快装接头密封圈、密封垫老化	泄漏	6	3	1	18	五级	执行三检操作规程，加大检查力度，发现问题，及时修复		
19	安全保护装置	CNG子站车执行器弹簧老化	气动阀关闭时间过长	3	3	1	9	五级	协调就近卸气，达到场站，及时更换		

续上表

序号	活动/过程/区域	危险因素	可能导致的事件/事故	风险评价					典型防范措施	负责人	备注
				L	E	C	D	RPN			
20	安全保护装置	CNG长管挂车制动阀损坏	车辆滑行、拉拽管路、泄漏、轮胎起火	3	6	1	18	五级	加强检查细节性，及时更换		
21	安全保护装置	CNG长管挂车制动阀人为损坏	误操作、拖拽管路、泄漏	3	6	1	18	五级	加强检查细节性，及时更换		
22	罐体及安全附件	CNG长管挂车维修过程中带压维修	人身伤害	1	2	15	30	四级	加强监管，重车不得进行维修，维修作业必须有人监护		

3. 类别：环境因素

序号	活动/过程/区域	危险因素	可能导致的事件/事故	风险评价					典型防范措施	责任人	备注
				L	E	C	D	RPN			
1	道路	道路湿滑	制动效能明显下降，引发交通事故	6	3	1	18	五级	选择技术等级较高的公路作为运输线路；在运输作业前考察路线、路况和路障，及时准确地向驾驶人员进行提示		
2	道路	道路坑洼不平、速度过快	机械损坏	3	3	1	9	五级	在运输作业前考察路线、路况和路障，及时准确地向驾驶人员进行提示		
3	道路	大雨后道路塌陷、坍塌	侧翻事故	3	2	15	90	三级	运输前及时了解天气情况，尽量避免大雨出车，及时准确地向驾驶人员进行提示		

续上表

序号	活动/过程/区域	危险因素	可能导致的事件/事故	风险评价					典型防范措施	责任人	备注
				L	*E*	*C*	*D*	RPN			
4	道路	泥泞路与翻浆路的路面特别松软和黏稠	行驶阻力大，车轮极易滑转和侧滑	3	3	1	9	五级	出车前尽量避免选择该条路段；行驶时注意周边的交通情况		
5	道路	车辆在山区道路行驶发生山体滑坡	车辆掩埋	1	1	40	40	四级	运输前及时了解天气、路况情况		
6	道路	急转弯	侧翻事故	3	3	15	135	三级	减速慢行，及时向驾驶人员提示		
7	道路	道路临时施工	碰撞事故	3	3	15	135	三级	减速慢行		
8	道路	道路技术等级低、安全设施不完善	交通事故	3	3	7	63	四级	减速慢行，注意了解周边交通环境		
9	沿途设施	沿途休息场所较少	疲劳驾驶，引发交通事故	3	3	7	63	四级	合理安排替班驾驶人员；提高车辆的舒适性		
10	气候和天气	雨季发生洪水	机械损坏	0.5	0.5	40	10	五级	运输作业前，应及时了解运输过程中可能遇到的天气情况，及时做好安全防范准备，尽量避免恶劣天气出行；如遇恶劣天气，应及时向驾驶人员提示操作要点		
11	气候和天气	雷雨季节	遭雷击、火灾	1	1	40	40	四级	尽量避开雷雨天气行车作业；打雷、大雨及时躲避		
12	气候和天气	冰雪路面	摩擦力减小，引发交通事故	6	2	7	84	三级	减速慢行		
13	气候和天气	雾天能见度降低	视力受阻，引发交通事故	3	2	3	18	五级	减速慢行；打开雾灯		
14	气候和天气	春季运输过程中遇沙尘暴	能见度降低	0.5	1	1	0.5	五级	及时做出准确判断，进行躲避		

续上表

序号	活动/过程/区域	危险因素	可能导致的事件/事故	风险评价					典型防范措施	责任人	备注
				L	E	C	D	RPN			
15	气候和天气	驾驶过程中途经积水路面	机械损坏	1	1	3	3	五级	根据积水情况，准确做出判断		
16	气候和天气	高速公路升高路段或开阔的山谷地带遇强风	行驶不稳，引发碰撞事故	3	1	1	3	五级	提前预判，及时躲避		
17	敏感区	途经居民区、商业区等人群聚集中心，发生事故泄漏	事故扩大化	3	3	7	63	四级	运输前，应对驾驶人员在这些路段行驶时做特别提示，并及时做好事故应急准备		
18	敏感区	拥挤路段	碰撞事故	3	3	7	63	四级	减速慢行，及时注意交通情况		
19	敏感区	军事管理区	碰撞事故	3	3	7	63	四级	减速慢行，及时注意交通情况		
20	停车场	停车场只有一个出入口	碰撞	3	3	7	63	四级	减速慢行，及时注意交通情况		
21	停车场	停车场消防设施不全	应急延误、事故扩大化	3	3	7	63	四级	在运输作业前考察路线时，注意停车场的消防设备；随车携带必要的防护设施		
22	停车场	停车场没有分区停车	碰撞事故	6	3	7	126	三级	确保有人留车看守，并做好警戒措施		
23	应急响应	应急资源共享不到位	应急延误、事故扩大化	3	3	7	63	四级	根据运输线路，与相关利益方建立合作关系，构建应急救援网络，共享应急救援资源		
24	应急响应	路线规划不到位（应急、限行）	应急延误、事故扩大化	3	3	7	63	四级	运输之前，提前做好应急线路规划和选择，确保应急处置的时效性		
25	应急响应	应急资源配置不全	应急延误、事故扩大化	3	3	7	63	四级	合理规划和布设应急资源配置，运输货物随车携带相关必备应急处置设备		

4. 类别:管理因素

序号	活动/过程/区域	危险因素	可能导致的事件/事故	风险评价					典型防范措施	负责人	备注
				L	E	C	D	RPN			
1	安全生产监督检查	安全管理的职责分工不明确	责任推诿,管理不到位	3	1	7	21	四级	依据《危险货物道路运输企业安全生产管理制度编写要求》(JT/T 912—2014)落实安全生产监督检查制度,明确安全责任人		
2	安全生产监督检查	监督检查频次不够、没有及时复查	管理不到位	3	1	7	21	四级	落实安全检查计划;实施奖惩措施		
3	安全生产监督检查	监督检查记录没有及时归档、记录丢失、记录缺项	记录断档、隐患处理没有形成闭合	3	1	7	21	四级	落实记录责任人,实施奖惩措施		
4	安全生产监督检查	隐患的处理程序不符合规定	隐患处理没有形成闭合	3	1	7	21	四级	严格遵守规定,落实责任主体		
5	安全生产教育、培训	安全教育培训计划与执行存在偏差	人员培训不到位	3	1	7	21	四级	做好岗前岗位培训和持证上岗培训;建立年度、季度、月度培训计划,并落实安全培训经费		
6	安全生产教育、培训	培训覆盖率低	人员培训不到位	3	1	7	21	四级	严格落实培训计划;落实责任人		
7	车辆技术管理	车辆日常检查记录不完整、不连续、不准确	不利于事后追查和事故分析	3	1	7	21	四级	落实记录责任人,实施奖惩措施		

续上表

序号	活动/过程/区域	危险因素	可能导致的事件/事故	风险评价					典型防范措施	负责人	备注
				L	E	C	D	RPN			
8	安全设施设备(停车场)管理	管理档案或台账的记录不完善	不利于事后追查和事故分析	3	1	7	21	四级	落实记录责任人,实施奖惩措施		
9	安全设施设备(停车场)管理	车辆的卫星定位监控系统出现故障,维护不及时	未能及时对驾驶人员进行警示;不利于事故追究和分析	3	1	7	21	四级	符合危险货物运输安全设备的配置要求		
10	应急救援预案管理	修订与更新不及时	应急处置不当,扩大事故后果	3	1	7	21	四级	根据国家的标准编制要求以及企业的实际情况,对应急预案进行及时修订和更新		
11	安全生产会议	安全生产专题会议制度未执行到位	监管缺失	3	1	7	21	四级	明确安全生产会议类别及内容		
12	安全事故报告、统计与处理	相关方事故上报、统计分析不完善	信息不共享,增加事故概率	3	1	7	21	四级	按要求及时上报事故;形成完整的事故调查、分析报告;形成年度、月度事故统计、分析图表;准确、及时、规范填报安全统计报表		

5. 类别：货物因素

序号	活动/过程/区域	危险因素	可能导致的事件/事故	风险评价					典型防范措施	责任人	备注
				L	*E*	*C*	*D*	RPN			
1	装卸	温度低	装卸过程中，未穿防护服，出现冻伤	1	1	7	7	五级	严格遵守装卸作业要求，做好防护措施		
2	全过程	温度低	大面积泄漏时，出现冻伤	3	0.5	7	10.5	五级	严格遵循应急救援预案，采取适当措施控制泄漏量，并及时采取急救措施		
3	全过程	温度低	大面积泄漏时，出现窒息	3	0.5	7	10.5	五级	严格遵循应急救援预案，采取适当措施控制泄漏量，并及时采取急救措施		
4	全过程	易燃、易爆性	泄漏并遇到火源时，出现火灾或爆炸	3	1	15	45	三级	严格遵循应急救援预案，采取适当措施控制泄漏量，避免火源，并控制事故扩大化		

(1)风险辨识的范围。危险货物道路运输风险辨识的范围包括从充装货物结束后交货上路,直至最终到达收货人场所交付货物结束以及卸货的整个过程,即包括充装、运输、卸货环节。

(2)风险辨识清单按照人的因素、设备设施因素、环境因素、管理因素、货物因素分为五部分,并明确危险存在的区域、具体危险的描述、可能导致的事件或事故。同时,对每个风险因素的风险等级做出初步判断,明确预防风险的措施以及责任人。

(3)危险因素评价。在具体每项风险因素辨识过程中,运用现有的 LEC 法对每个风险因素,结合公司实际安全管理的状况进行初步风险等级判断。同时,根据评价出的风险级别,提出相应的控制措施。

从风险辨识清单的风险辨识和评价结果可以看到,该公司整体的运营风险是可控的,基本为风险四级、五级的危险源,没有出现风险一级的危险源;企业根据历年事故统计数据,对车辆通过隧道给驾驶人员带来的视觉不适所可能引发的事故给予了特别关注,将其列为风险二级的危险源。需要指出的是,风险辨识清单仅是该公司某段时间的评定,随着管理措施的改进以及管理信息化技术的更新,企业也多次对危险源进行删减,所以在进行运营风险管理时,各企业要根据自身实践需要予以确定危险源和风险等级。

第三节 企业经验

一、新奥能源物流有限公司风险辨识经验

新奥能源物流有限公司应用风险管理理论,对 LNG 运输路线(宁波 LNG 灌装站至温州新奥门站)进行风险考察并形成评估报告,主要内容包括:线路概况、道路危害信息采集、线路风险描述及预防控制措施、线路安全卡、驾驶要点与紧急避险五个方面。

(一)线路概况

1. 运输线路

运输线路:宁波 LNG 灌装站至温州新奥门站,起点为中海油浙贸宁波槽车灌装站,位于宁波北仑区白峰镇中宅村,到达温州门站,全长 328km。

2. 主要路段

运输线路位于浙江省境内,经过白洋线路段、S20(浙)、G15、雁荡山路段、在温州东出口下,依次走龙腾南路、瓯海大道、机场大道、滨海大道和明珠路到达门站。

(1)进出站路段:宁波灌装站—S20 入口。

(2)高速公路路段:S20 入口—大溪高速公路路口;雁荡山入口—宁波东出口。

(3)雁荡山路段:大溪出口—雁荡山入口。

(4)城镇路段:龙腾南路、瓯海大道、机场大道、滨海大道和明珠路。

(二)道路危害信息采集

对企业进行实地考察,确定沿途的风险点,并进行了风险描述。道路危害信息采集列表(宁波 LNG 灌装站至温州新奥门站),见表 4-11。

沿途风险点和风险描述　　表 4-11

序号	风险点	风险描述
1	白洋线	双向两车道,蜿蜒山路,集卡车横行,禁行需要办理通行证
2	高速路段	多长隧道,隧道内有爬起和转弯路段
3	雁荡山路	崎岖山路,坡度较大,连续下坡陡弯,社会车辆无序行驶
4	门站路段	城区路段,出口多,车辆乱,有施工路段,堵车严重
5	白洋线路口	路口较小,转弯速度快,有侧翻风险;路口红绿灯无摄像装置,集装箱卡车和社会车辆不按指示灯通行,有事故隐患
6	G15	隧道较长,视线昏暗,不利于正常驾驶,小型车辆随意弯道,有剐蹭风险
7	G104	坡大、路窄,多连续陡弯,大型车辆通行通过性较差,连续急弯下坡对车辆制动性能要求较高。有侧翻、制动失效等风险
8	滨海大道	车辆、行人混乱,有施工路段,多剐蹭和事故隐患

(三)线路风险描述及预防控制措施

1. 白洋线路段

白洋线路段:白洋线—沿海中线。

(1)风险描述。双向两车道,多弯路段,山体阻挡视野差。双向四车道,沿途经过码头,节假日车辆在路边随意停放。路口红绿灯无拍照、摄像装置,多出现闯灯违章行为。晚上多出现散步行人随意穿越道路的行为。危险品禁行路段。

(2)行驶要求。全程限速 60km/h。低速行驶,积极观察远方。遇节假日躲避路边车辆和行人。经过路口时,观察好前后左右车辆、行人,再按交通信号灯通行。办理通行证,错开高峰期通行。

(3)白洋淀路段路况图如图 4-2 所示。

图 4-2　白洋淀路段路况图

2. 高速公路路段

高速公路路段:急转弯减速慢行。

(1)风险描述。S20 双向六车道。多弯路段,多隧道。集卡车非常多,夜间经常会非法在高速路边停车。经过山区,多泥石流和塌方风险。多客货分道行驶路段。雁荡山路段禁行。

(2)行驶要求。全程限速 80km/h。运用防御性驾驶要点。隧道内严禁变道,打开灯光,按限速行驶。客货分道行驶路段,严禁进行客车道,严禁随意超车。雁荡山路段走下道 G104 路段。

(3)高速公路路段路况图如图 4-3 所示。

图 4-3 高速公路路段路况图

3. 雁荡山路段

(1)城镇路段交通混乱(图 4-4),谨慎慢行。

图 4-4 雁荡山路段路况复杂

（2）连续急弯、陡坡（图4-5），谨慎慢行。

图4-5 雁荡山路段急弯、陡坡

4. 门站路段

（1）车辆行驶混乱，大货车随意变道（图4-6）。

图4-6 大货车随意变道

（2）龙腾大道大货车禁止左右转向（图4-7）。

（3）社会车辆和行人多胡乱行驶（图4-8），注意避让和观察。

（4）施工路段堵车严重（图4-9），切勿焦虑，避免剐蹭。

图 4-7 龙腾大道大货车禁止左右转向

图 4-8 社会车辆和行人胡乱行驶

图 4-9 施工路段堵车严重

(四)线路安全卡

线路全长 328km，路段风险及控制措施见表 4-12。

路段风险及控制措施 表 4-12

路 段	风险及控制措施
客户路段	出高速公路为城区路段，人多车多，有施工路段； 运用防御性驾驶要点，注意社会上的人流、车流，严格控制车速，转弯路段要求车速低于 40km/h。主副驾驶员随时观察，注意躲避

续上表

路　　段	风险及控制措施
雁荡山路段	多连续陡弯，坡度大，山体阻挡视线不好，路窄； 放眼远方，弯道、坡路路段要观察到位，严控车速，保持安全跟车距离。挂低挡行驶，提前观察对向行驶车辆，提前规划会车地点
高速路段	多隧道，经过山区，集卡车快速行驶，客货分道行驶； 运用防御性驾驶要点，保持车距，洞悉四周状况，躲避社会车辆，隧道内开灯光，按规定时速行驶
进站路段	双向两车道，蜿蜒山路，集卡车横行，禁行需要办理通行证； 限速 60km/h，运用防御性驾驶要点，观察远方，躲避山坡路段，节假日躲避路边非法行车车辆

线路安全卡样式如图 4-10 所示。

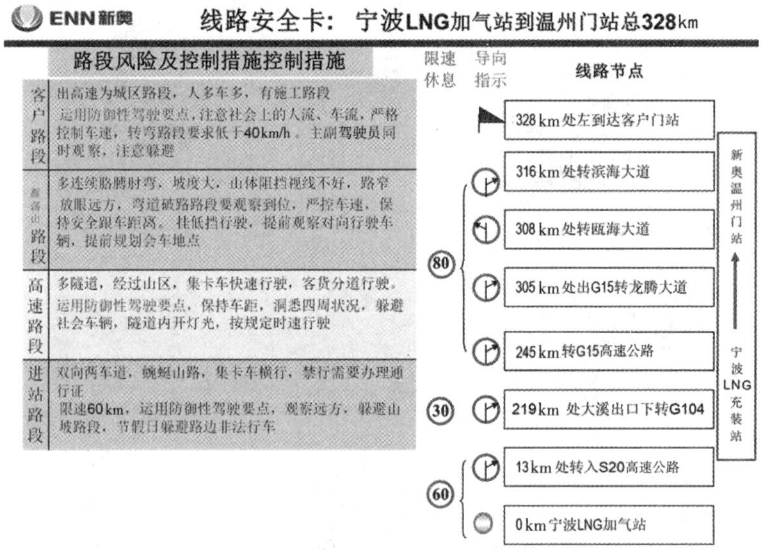

a)

b)

图 4-10　线路安全卡样式

(五)驾驶要点与紧急避险

1. 防御性驾驶要点

要点1：放眼远方：观望15秒后到达之处。

要点2：洞悉四周：至少4秒的跟车距离、每5～8秒扫视侧、后视镜。

要点3：视线灵活：避免紧盯同一个目标2秒以上。

要点4：留有余地：在四周留出合适的空间。

要点5：引人注意：目光接触。

2. 紧急避险

台风黄色预警信号：

含义：24小时内可能受热带气旋影响，平均风力可达8级以上，或阵风9级以上；或者已经受热带气旋影响，平均风力为8~9级，或阵风9~10级并可能持续

台风橙色预警信号：

含义：12小时内可能受热带气旋影响，平均风力可达10级以上，或阵风11级以上；或者已经受热带气旋影响，平均风力为10~11级，或阵风11~12级并可能持续

含义：在过去的3小时，本地降雨量已达50毫米以上，且雨势可能持续

黄色台风信号发布时或风力达到8级时，停止派出车辆。已在外的车辆立即回到安全地方避风

3. 液化天然气产品安全数据

液化天然气产品安全数据如图4-11所示。

图　4-11

液化天然气 甲烷：>=84%；乙烷、丙烷：<16%

蒸发后极易燃气体，皮肤接触液体导致低温灼伤，气体具窒息性

【预防措施】
•远离热源、火花、明火、热表面-作业过程禁止吸烟，携带手机。
•穿戴个人劳保用品（阻燃工作服、安全帽、安全鞋、安全眼镜、低温保护手套）。
•使用防爆工具，禁止使用易产生火花的工具。
•存储设施接地，定期检查储罐的保温情况。
•避免与强氧化剂接触。

【事故响应（人员急救）】
•如窒息将伤者移离受伤现场，移至新鲜空气处。
•如果接触到LNG液体，应浸入大量温水（不超过41°C）或放置于温暖环境中，禁止使用热水。不得揉搓、按摩感染部位，以防软组织破坏。
•尽快就医。

【事故响应（泄漏和起火）】
•液体泄漏，立即关闭装车设施，控制泄漏源，疏散非应急人员，控制蒸气云。
•泄漏气体着火：切勿灭火，除非能安全切断泄漏源。
•如果没有危险，消除一切点火源。
•可用干粉、二氧化碳灭火。
•不可用水直接灭火，但可用于稀释气体浓度，冷却周边设备。
•高倍数泡沫(500:1)可以有效降低液化天然气火焰高度，减少设备/设施受火焰的直接烘烤和热辐射的影响，为用干粉灭火创造条件。

【安全储存】
•贮于低温容器，在通风良好处存储。

【废弃处置】
•LNG极易挥发，会自行散发到大气中。

请参阅化学品安全技术说明书
化学事故应急咨询电话：+86（755）xxxxxxxx

图 4-11　液化天然气产品安全数据

二、某企业道路风险评估

1. 行车线路及风险描述

所研究的行车线路，起点为万华厂区，终点为临沂市。行车线路风险描述如图 4-12 所示。

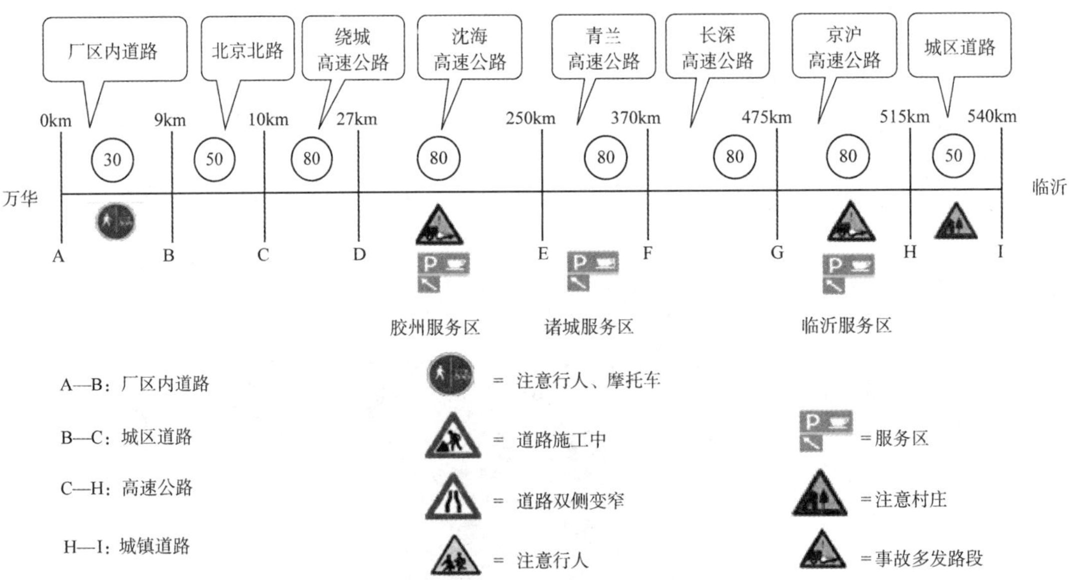

图 4-12　行车线路风险描述

2. 线路风险描述及处置措施

线路具体风险描述及处理措施见表4-13。

线路具体风险描述及处理措施 表4-13

风险路段	图 片	风险描述	处理措施
烟台开发区道路		开发区路段、上下班高峰期车多、人多、电动车多，事故易发。有不遵守交通规则现象	出厂后车辆减速慢行，驾驶员多观察，远离人群，留有空间行驶，不与行人与非机动车抢道。押运员多提醒，必要时鸣笛警示
G15转济青高速公路互通		大行连续互通，车速过快，极易多发翻车事故（此路段事故多发）	车辆进入匝道前，提前减速慢行，车速控制在30km/h。车辆转弯时勿占用其他车道，保持视线灵活，多观察后视镜
临沂罗庄出口		京沪高速公路沂罗庄出口，危化品车辆走最右侧出口通行，是临沂主要出口，车流量大	进入收费站路段提前减速，保持车距，不抢道，视线灵活，多观察后视镜，缓慢通过
距离厂家3km南环道路		该路段为临沂南环路段，距离厂家3km左右，交叉路口没有红绿灯，混合道路，容易与非机动车人产生碰擦	注意行人及其他道路使用者的动态，注意观察盲区和多鸣号，洞悉四周，视线灵活，岔路口注意减速慢行

3. 路线风险评估

(1)从起点出发,厂区道路行驶9km。

(2)沿G206/北京北路行驶0.8km,稍向右转走S7402/荣乌高速公路方向匝道(经八角收费站),朝荣乌高速公路方向,进入烟台西港区疏港高速公路/S7402。

(3)沿S7402/烟台西港区疏港高速公路一直向前行驶16.9km,从济南/潍坊/G15出口离开,朝济南/潍坊方向,进入沈海高速/G15/同三高速公路。

(4)沿沈海高速公路/G15/同三高速公路行驶209.8km,从青岛/济南/G22出口离开,朝济南/莱芜方向,进入青兰高速公路/G22/济青高速公路南线。

(5)沿青兰高速公路/G22/济青高速公路南线行驶112.9km,从青州/临沂出口离开,朝南京/G25方向,进入长深高速公路/G25。

(6)沿长深高速公路/G25行驶69.2km,从日照/济宁/G15/G1511/G2出口离开,朝济宁/G1511方向,进入日兰高速公路/G1511/日东高速公路。

(7)沿日兰高速公路/G1511/日东高速行驶34.6km,从上海/济南/G2出口离开,朝上海方向,进入京沪高速公路/G2。

(8)沿京沪高速公路/G2行驶37.0km,从罗庄/高新区/临沂南出口离开(经罗庄收费站)。

(9)进入城区道路行驶达终点。

A—B限速30km/h,厂区内道路。注意行人及其他道路使用者的动态,全路段注意观察盲区和多鸣号,洞悉四周,视线灵活。有很多岔路口,注意减速慢行。

B—C限速50km/h,城镇道路。注意摩托车,行人及其他道路使用者的动态,全路段注意观察盲区和多鸣号,洞悉四周,视线灵活。有很多岔路口,注意减速慢行。

C—H高速限速80km/h,高速公路车速快,沿途注意其他车辆动态,5~8秒扫视后视镜,注意观察盲区和多鸣号,提前做好减速让行或变道,保持不少于4秒的动态安全跟车距离,进出高速路口时注意各路口汇入的车辆,放眼远方,洞悉四周,及时发出警示信号,提前选择好行驶车道。

H—I限速50km/h,进入城闸镇注意两边的车辆,注意村庄行人与非机动车辆,注意提前预判,避让。洞悉四周,视线灵活,运用防御性驾驶技能操纵车辆。

三、普莱克斯配送风险识别

(一)人员

1. 行驶记录仪

通过记录驾驶行为的数据,如超时驾驶、超速驾驶、制动总次数、急减速次数、30m内变道次数等,比较驾驶人员的行为,按照风险行为,给予相应的打分和星级评价,对于表现较差的人员,通过谈话、交流、培训的方式纠正不安全驾驶行为(图4-13)。

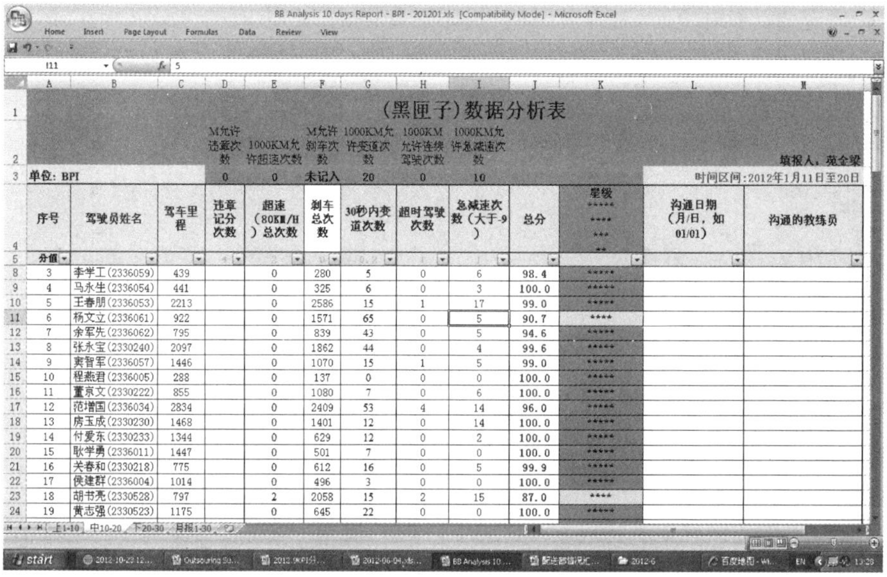

(黑匣子)数据分析表

			M允许违章次数	1000KM允许超速次数	M允许刹车次数	1000KM允许变道次数	1000KM允许连续驾驶次数	1000KM允许急减速次数				填报人：苑金梁
单位：BPI			0	0	未记入	20	0	10			时间区间：2012年1月11日至20日	
序号	驾驶员姓名	驾车里程	违章记分次数	超速(80KM/H)总次数	刹车总次数	30秒内变道次数	超时驾驶次数	急减速次数(大于-9)	总分	星级 ***** **** *** **	沟通日期(月/日，如01/01)	沟通的教练员
分值												
3	李学工(2336059)	439		0	280	5	0	6	98.4	*****		
4	马永生(2336054)	441		0	325	6	0	3	100.0	*****		
5	王春朋(2336053)	2213		0	2586	15	1	17	99.0	*****		
6	杨文立(2336061)	922		0	1571	65	0	5	90.7	****		
7	余军先(2336062)	795		0	839	43	0	5	94.6	*****		
8	张永宝(2330240)	2097		0	1862	44	0	4	99.6	*****		
9	寅智军(2336057)	1446		0	1070	15	1	5	99.0	*****		
10	程燕君(2336005)	288		0	137	0	0	0	100.0	*****		
11	董京文(2330222)	855		0	1080	7	0	6	100.0	*****		
12	范增国(2336034)	2834		0	2409	53	4	14	96.0	*****		
13	房玉成(2330230)	1468		0	1401	12	0	14	100.0	*****		
14	付爱东(2330233)	1344		0	629	12	0	2	100.0	*****		
15	耿学勇(2336011)	1447		0	501	7	0	0	100.0	*****		
16	关春和(2330218)	775		0	612	16	0	5	99.9	*****		
17	侯建群(2336004)	1014		0	496	3	0	0	100.0	*****		
18	胡书亮(2330528)	797		2	2058	15	2	15	87.0	****		
19	黄志强(2330523)	1175		0	645	22	0	0	100.0	*****		

图 4-13　行驶记录仪数据分析表

2. GPS 行驶轨迹监控

通过 GPS 实时监控车辆位置，通过轨迹回放掌握车辆行驶路径，及时发现可能有问题的路线，随时纠正(图 4-14)。

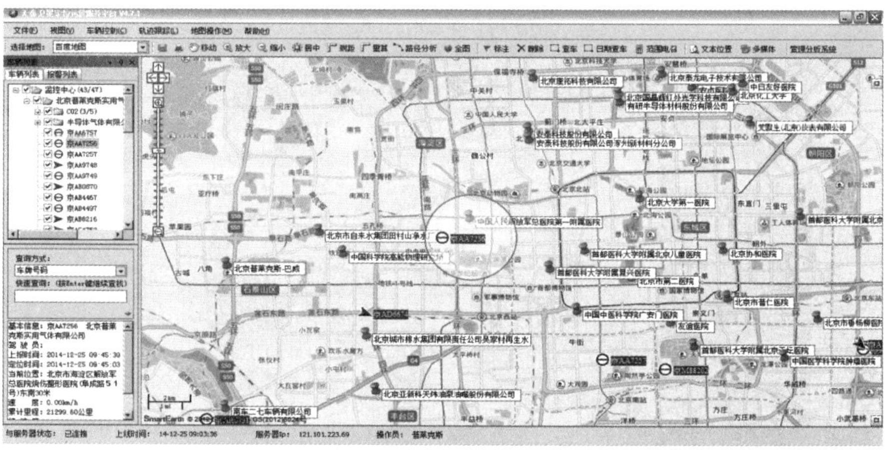

图 4-14　GPS 实时监控图

3. 视频监控系统

通过视频监控系统，可以抽查车辆实时行驶状况和驾驶人员操作的驾驶行为，对于不规范的驾驶行为(不系安全带、接打电话、吸烟等)，第一时间发现，并通过给押运员打电话的方式，立即纠正不安全的行为；还可以通过车辆上的录像卡，回放任意时间影像资料(图 4-15)。

4. 疲劳测试

原理：每名驾驶人员用自己的操作用户名和密码，登陆安装在电脑上的小型软件，登录后会随机出现 1 ~ 20 的数字，需要用鼠标依次点击，系统自动记录操作时间。当累计到一定天数后，系统自动计算出每个人的中位值；再次操作时，在中位值的 -5 秒和正 +10 秒之间，默认正常；如果超出此范围，系统提示可能有睡眠不足、疲劳的情况。驾驶人员每天第一次出车时必须进行疲劳测试，所有驾驶员必须接受，如果出现提示有疲劳的可能，要与公司管理人员进行沟通，了解休息情况，确定是否可以正常出车（图 4-16）。

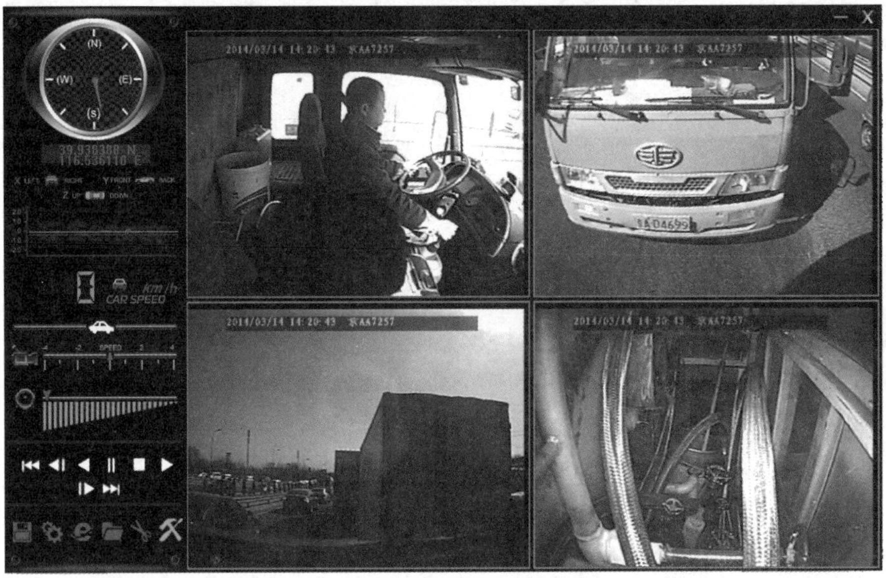

图 4-15　视频监控图像

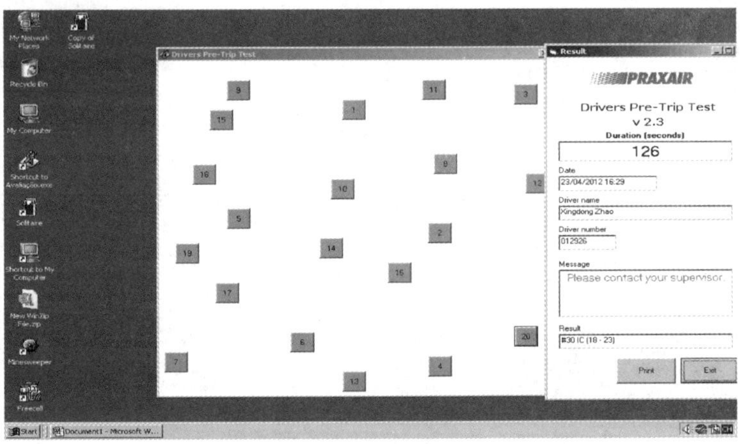

图 4-16　疲劳测试系统画面

5. 酒精测试

公司规定，每名驾驶人员出车前，必须接受酒精测试。测试地点在公司门岗，由保安进行监督及记录，发现酒精含量，不得出车。

6. 驾驶人员评价系统

通过每月对驾驶人员安全业绩（事故、违章等）、安全行为（紧急制动、超速、疲劳驾驶、紧急变线、充装 SOP 执行等）、出勤时间、潜在风险报告、油耗指标等方面打分，每月进行汇总统计，实行综合排名，作为评选优秀驾驶人员、个人 PMP 考评的依据。

（二）车辆

按照政府要求，每天出车前、行驶中和收车后，对车辆进行检查，及时发现存在的问题，对于强制性维修的项目必须等到维修回复后才可以出车；其他项目收车后及时进行维修（表 4-14）。

车辆检查表　　表 4-14

正常项目“√”；问题项目“××”并在备注中说明			
车辆例行保养强制要求项目			
行车制动、驻车制动、挂车制动			后视镜
制动气压、制动气管、连接接头			转向盘机构
主、挂连接设施			轮胎、钢圈、锁圈
应急、安全设施及工具			刮水器
安全带、安全网			灯光装置（前照灯、示廓灯、转向、制动、雾灯等）
电喇叭、气喇叭			管路及阀门
风窗玻璃			充装软管及接头
其他检查项目			
悬挂系统/底盘	电路、保险丝		储罐运作设备
发动机润滑油	排气管		蒸发器
发动机冷却液	黑匣子，CCAV，GPS		安全阀、防爆膜
发动机蓄电池	挂车支腿，灭火器		液位计、压力表等仪表
变速箱	备胎及备胎架		产品泵及电机
离合器	常用工具		车载电源箱、电缆线
差速器	随车有关证件		尾门及断气刹开关
反光片、反光条	产品标识及公司标志		应急包和 MSDS

（三）环境

环境因素风险是指恶劣天气对驾驶的影响，主要包括以下两方面。

（1）冰雪天气，增加跟车距离，提前并且轻微减速，驾驶动作轻柔，避免激烈动作，避免进入车阵；注意观察后视镜背面以及轮胎侧面结冰的状态；到达桥上先减速，特别注意结冰的桥面；注意干燥的积雪路面以及强大的侧风；密切注意车辆前方的弧线道路与转弯；注意路面上高的硬雪堆可能会顶起车轮；如果前方障碍物的高度不确定，停车，并观察确认安全后再通过；打开车灯，并使用危险报警闪光灯功能，增加被别人看到的机会。注意，如果驾驶中感到没有把握，停下来等待一段时间。

（2）能见度低或者下雨、雷电、大雾等天气，增加跟车距离，提前并且轻微减速，从而加大观察的视野；注意道路在最开始几分钟下雨的时候可能是光滑的，并且是最危险的；驾驶动作轻柔，避免激烈动作，避免进入车阵；尽可能向远方观看；注意看与听来自本车前方和两边可能的危险；使用路面标记来帮助指引方向；通过积水路面时，一定提前减速，注意观察前方车辆通过情况，利用低挡行车通过；如果积水没过车轮中心或者排气管，不要通过；发生雷电时，关闭所有车辆门窗，关闭车载电子设备，在车内避雨，不要下车走动；不要在旷野中高大的树下停车；打开车灯，并使用危险报警闪光灯功能，增加被别人看到的机会。注意，如果驾驶中感到没有把握，停下来等待一段时间。

第二篇
隐患排查篇

依法依规、科学合理地进行隐患排查治理，既是企业生产工作顺利开展的前提，也是强化安全监督与管理工作的有效措施，更是降低事故发生概率的重要手段。隐患排查治理建设对于提高危险货物道路运输企业隐患排查效率、增强隐患排查治理能力、控制事故隐患进一步恶化、提高重特大事故隐患与治理的能力和保障人民群众财产、人身安全具有重要意义。

第五章　隐患排查治理概述

为了解决危险货物道路运输企业安全生产的实际问题，本章重点介绍危险货物道路运输企业应如何严格、准确地执行国家法律、法规和标准，依法运输、依法经营，从而做好危险货物道路运输企业安全生产隐患排查治理工作。

第一节　生产安全事故隐患排查治理的法规要求

我国法规标准中对生产安全事故隐患排查治理的要求具体如下。

一、《安全生产法》有关要求

《安全生产法》114 条规定中有 18 条涉及事故隐患排查。其中，10 条是关于企业及其主要负责人、安全管理人员、职工等对隐患排查治理的义务及其违法行为所应承担的责任，8 条是关于监管等部门的责任。这从法律层面上反映出企业是安全生产的责任主体，也是隐患排查治理的责任主体。

1. 对企业的要求

(1)企业主要负责人应该对隐患做些什么?

《安全生产法》第十八条第五款规定：生产经营单位的主要负责人负有督促、检查本单位的安全生产工作，及时消除生产安全事故隐患的责任。

作为本单位生产经营活动的组织者、指挥者，生产经营单位主要负责人对本单位安全生产工作既要做出全面部署安排，又要进行督促、检查，这对保障安全生产至关重要。对通过各种途径发现的生产安全事故隐患，要及时采取有效措施予以消除，做到防患于未然。

(2)企业安全生产管理人员应该对隐患做些什么?

《安全生产法》第二十二条第五款规定：企业安全生产管理人员应该履行检查本单位的安全生产状况，及时排查生产安全事故隐患，提出改进安全生产管理的建议的责任。

安全生产管理机构和安全生产管理人员要切实履行检查职责，随时关注本单位的安全生产状况，排查生产安全事故隐患，发现隐患的，要及时提出整改建议；没有发现隐患，但认为仍有加强和改进的必要时，也要提出改进安全生产管理的建议。

(3)企业应该对隐患建立什么样的制度?

《安全生产法》第三十八条第一款规定：生产经营单位应当建立健全生产安全事故隐患排查治理制度，采取技术、管理措施，及时发现并消除事故隐患。事故隐患排查治理情况应当如实记录，并向从业人员通报。

生产经营单位应当建立健全生产安全事故隐患排查治理的专门制度，对隐患排查治理做出全面、合理的安排，并抓好督促落实。要制订详细的计划，明确隐患排查治理的责任人、责任范围以及基本要求和目标。要采取技术、管理措施，及时发现并消除事故隐患。同时，对事故隐患排查治理情况应当如实记录，建立事故隐患排查治理信息档案，记录内容应当包括排查时间，事故隐患的具体部位或者场所，发现事故隐患的数量、级别和隐患具体情况，参加隐患排查的人员，事故隐患治理情况、复查情况、复查时间、复查人员等，不得不记、漏记，更不得做虚假记录。要向从业人员通报记录，使从业人员及时了解工作岗位上存在的事故隐患，采取相应的防范措施。

(4)企业安全管理人员发现隐患应该怎么办？

《安全生产法》第四十三条规定：安全生产管理人员在检查中发现重大事故隐患，应该及时报告企业有关负责人，如遇有关负责人不及时处理的情况，安全生产管理人员可以向主管的负有安全生产监督管理职责的部门报告。

(5)企业工人发现事故隐患时应该怎么做？

《安全生产法》第五十六条规定：企业工人发现事故隐患应当立即向现场安全生产管理人员或者本单位负责人报告。

(6)工会发现事故隐患时应该怎么做？

《安全生产法》第五十七条规定：企业工会发现事故隐患时，有权提出解决的建议，企业应当及时研究答复；发现危及从业人员生命安全的情况时，有权向企业建议组织从业人员撤离危险场所，企业必须立即做出处理。

(7)存在重大事故隐患的企业被负有安全监管职责的政府部门要求停产停业、停止施工、停止使用相关设施或者设备后应该怎么做？不这么做会面临什么结果？

《安全生产法》第六十七条规定：被负有安全监管职责的政府部门要求停产停业、停止施工、停止使用相关设施或者设备后，存在重大事故隐患的企业应当及时消除事故隐患；如不及时消除事故隐患，且有发生生产安全事故的现实危险，负有安全生产监督管理职责的政府部门可以通知有关单位停止向企业供电、停止供应民用爆炸物品。

(8)企业未将事故隐患排查治理情况如实记录或者未向从业人员通报会面临什么结果？

《安全生产法》第九十四条规定：企业未将事故隐患排查治理情况如实记录或者未向从业人员通的，安全生产监督管理部门(以下简称安监部门)应当责令企业限期改正，可以处五万元以下的罚款；逾期未改正的，责令企业停产停业整顿，并处五万元以上十万元以下的罚款，对企业直接负责的主管人员和其他直接责任人员处一万元以上二万元以下的罚款。

(9)企业未建立事故隐患排查治理制度会面临什么结果？

《安全生产法》第九十八条规定：企业未建立事故隐患排查治理制度的，安监部门应当责令企业限期改正，可以处十万元以下的罚款；逾期未改正的，责令企业停产停业整顿，并处十万元以上二十万元以下的罚款，对企业直接负责的主管人员和其他直接责任人员处二万元以上五万元以下的罚款；构成犯罪的，依照刑法有关规定追究刑事责任。

(10)企业未采取措施消除事故隐患会面临什么后果?

《安全生产法》第九十九条规定:企业未采取措施消除事故隐患的,安监部门应当责令企业立即消除或者限期消除;企业拒不执行的,责令停产停业整顿,并处十万元以上五十万元以下的罚款,对企业直接负责的主管人员和企业他直接责任人员处二万元以上五万元以下的罚款。

综上所述,《安全生产法》对企业隐患排查治理的法定职责和法律责任,可以归纳为图5-1。

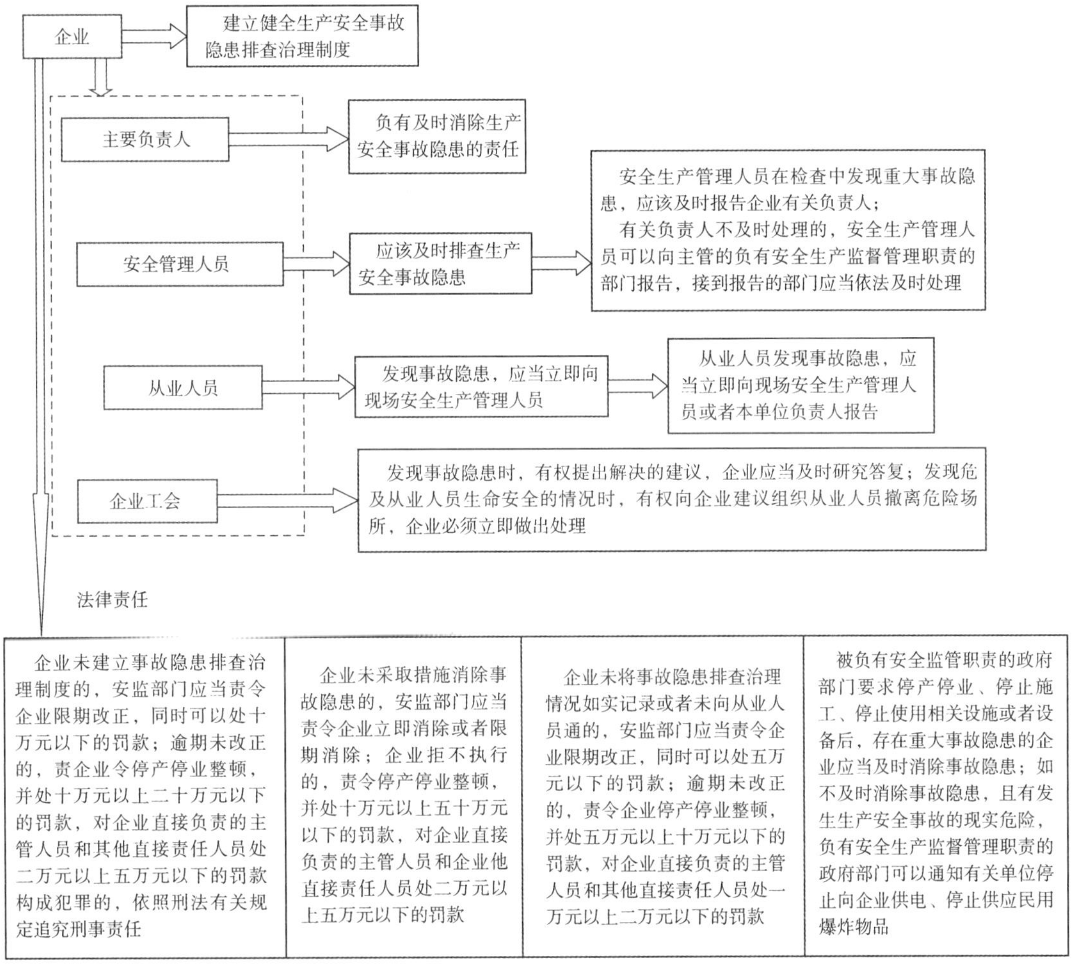

图5-1 《安全生产法》对企业隐患排查治理的要求

2.对监管等部门的要求

(1)各级人民政府负有安全生产监督管理职责的部门应该对隐患建立什么制度?

《安全生产法》第三十八条规定:县级以上地方各级人民政府负有安全生产监督管理职责的部门应当建立健全重大事故隐患治理督办制度,督促生产经营单位消除重大事故隐患。

(2)安全生产监督管理部门应当如何制定安全检查计划?

《安全生产法》第五十九条第二款规定:安全生产监督管理部门应当按照分类分级监督管理的要求,制定安全生产年度监督检查计划,并按照年度监督检查计划进行监督检查,发现事故隐患，应当及时处理。

（3）安监部门和负有安全监管职责的政府部门检查企业发现隐患应该怎么做？

《安全生产法》第六十二条规定：安全生产监督管理部门和负有安全生产监督管理职责的部门检查企业发现的事故隐患后，应当责令企业立即排除；重大事故隐患排除前或者排除过程中无法保证安全的，应当责令企业从危险区域内撤出作业人员，责令企业暂时停产停业或者停止使用相关设施、设备。

（4）负有安全生产监督管理管职责的政府部门对企业存在的重大事故隐患应该怎么做？

《安全生产法》第六十七条规定：负有安全生产监督管理职责的部门依法对存在重大事故隐患的生产经营单位做出停产停业、停止施工、停止使用相关设施或者设备的决定，生产经营单位应当依法执行，及时消除事故隐患。

（5）负有安全生产监督管理职责的部门的工作人员在监督检查中发现重大事故隐患不依法及时处理会面临什么样的后果？

《安全生产法》第八十七条第四款规定：负有安全生产监督管理职责的部门工作人员在监督检查中发现重大事故隐患不依法及时处理的，给予降级或者撤职的处分；构成犯罪的，依照刑法有关规定追究刑事责任。

（6）居民委员会、村民委员会发现其所在区域内的生产经营单位存在事故隐患应该怎么做？

《安全生产法》第七十二条规定：居民委员会、村民委员会发现其所在区域内的企业存在事故隐患，应当向当地人民政府或者有关部门报告。

（7）群众发现企业存在事故隐患应该怎么做？

《安全生产法》第七十一条规定：群众发现企业存在事故隐患，应该向负有安全生产监督管理职责的部门报告或者举报。

全国统一的安全生产举报热线为12350，此外绝大部分地区都可通过网上、微博、微信等方式进行举报。现在不少地方都已出台举报奖励办法，举报经核实的，举报人将会获得一定的奖励。

（8）对举报违法行为的规定

《安全生产法》第七十三条规定：县级以上各级人民政府及其有关部门对报告重大事故隐患或者举报安全生产违法行为的有功人员，给予奖励。具体奖励办法由国务院安全生产监督管理部门会同国务院财政部门制定。

（9）关于重大事故隐患的判定标准的规定

《安全生产法》第一百一十三条规定：本法规定的生产安全一般事故、较大事故、重大事故、特别重大事故的划分标准由国务院规定。

国务院安全生产监督管理部门和其他负有安全生产监督管理职责的部门应当根据各自的职责分工，制定相关行业、领域重大事故隐患的判定标准。

综上所述，《安全生产法》对政府有关监管部门隐患排查治理的要求，见图5-2。

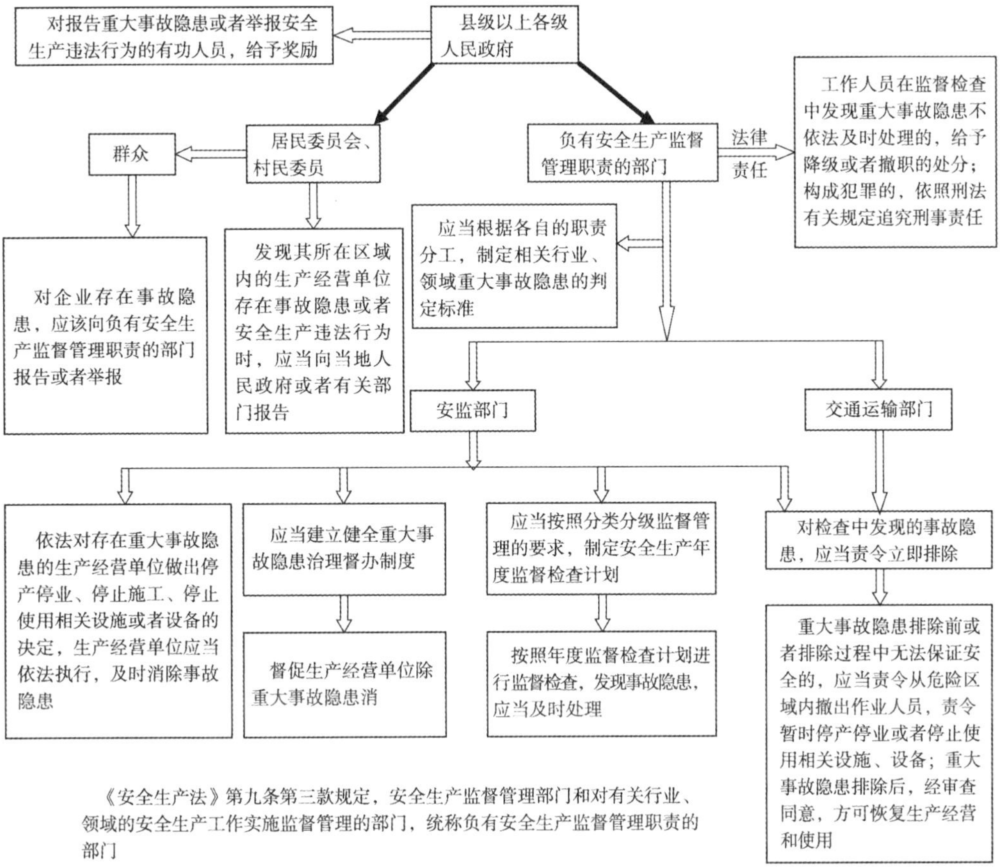

图 5-2　《安全生产法》对监管部门隐患排查治理的要求

二、中共中央、国务院《关于推进安全生产领域改革发展的意见》有关要求

2016 年 12 月，中共中央、国务院印发《关于推进安全生产领域改革发展的意见》。《意见》科学谋划了安全生产领域改革发展蓝图，提出了 30 项具体措施。《意见》是当前和今后一个时期全国安全生产工作的思想指南和行动纲领。

《意见》涉及隐患排查治理的要求有：

(1) 坚持源头防范。构建风险分级管控和隐患排查治理双重预防工作机制，严防风险演变、隐患升级导致生产安全事故发生。

(2) 树立隐患就是事故的观念，建立健全隐患排查治理制度、重大隐患治理情况向负有安全生产监督管理职责的部门和企业职代会“双报告”制度，实行“自查自改自报闭环管理”。

(3) 建立隐患治理监督机制。制定生产安全事故隐患分级和排查治理标准。负有安全生产监督管理职责的部门要建立与企业隐患排查治理系统联网的信息平台，完善线上线下配套监管制度。强化隐患排查治理监督执法，对重大隐患整改不到位的企业依法采取停产停业、停止施工、停止供电和查封扣押等强制措施，按规定给予上限经济处罚；对构成犯罪的，要移交司法机关依法追究刑事责任。严格执行重大隐患挂牌督办制度，对整改和督办不力的纳入政府核查问责范围，实行约谈告诫、公开曝光，情节严重的依法依规追究相关人员责任。

三、《危险化学品安全管理条例》有关要求

1. 总则中的有关规定

负有危险化学品安全监督管理职责的部门依法进行监督检查，可以进入危险化学品作业场所实施现场检查，向有关单位和人员了解情况，查阅、复制有关文件、资料；发现危险化学品事故隐患，责令立即消除或者限期消除；对不符合法律、行政法规、规章规定或者国家标准、行业标准要求的设施、设备、装置、器材、运输工具，责令立即停止使用。

2. 有关生产、储存、运输的规定

重复使用的危险化学品包装物、容器，使用单位在重复使用前应当进行检查；发现存在安全隐患的，应当维修或者更换。使用单位应当对检查情况做好记录，记录的保存期限不得少于2年。

3. 有关处罚的规定

在第七章罚则中，对相关事项作了规定。对发生交通事故负有全部责任或者主要责任的危险化学品道路运输企业，由公安机关责令消除安全隐患，未消除安全隐患的危险化学品运输车辆，禁止上道路行驶。

四、《安全生产事故隐患排查治理暂行规定》有关要求

为了建立安全生产事故隐患排查治理长效机制，强化安全生产主体责任，加强事故隐患监督管理，防止和减少事故，保障人民群众生命财产安全，国家安全生产监督管理总局根据安全生产法等法律、行政法规，制订了《安全生产事故隐患排查治理暂行规定》（国家安全生产监督管理总局令第16号）（以下简称《隐患排查治理暂行规定》），自2008年2月1日起施行。

《隐患排查治理暂行规定》分为总则、生产经营单位的职责、监督管理、罚则、附则等五章，共有三十二条，适用于生产经营单位安全生产事故隐患排查治理和安全生产监督管理部门、煤矿安全监察机构（以下统称安全监管监察部门）实施监管监察。

1. 总则中的有关规定

（1）对安全生产事故隐患的定义和类型进行规定。

（2）生产经营单位应当建立健全事故隐患排查治理制度。生产经营单位主要负责人对本单位事故隐患排查治理工作全面负责。

2. 生产经营单位的职责的规定

在第二章生产经营单位的职责中，对相关事项作了规定。

（1）生产经营单位是事故隐患排查、治理和防控的责任主体。

（2）生产经营单位应当建立健全事故隐患排查治理和建档监控等制度，逐级建立并落实从主要负责人到每个从业人员的隐患排查治理和监控责任制。

（3）生产经营单位应当保证事故隐患排查治理所需的资金，建立资金使用专项制度。

(4)生产经营单位应当定期组织安全生产管理人员、工程技术人员和其他相关人员排查本单位的事故隐患。对排查出的事故隐患,应当按照事故隐患的等级进行登记,建立事故隐患信息档案,并按照职责分工,实施监控治理。

(5)生产经营单位应当建立事故隐患报告和举报奖励制度,鼓励、发动职工发现和排除事故隐患,鼓励社会公众举报事故隐患。对发现、排除和举报事故隐患的有功人员,应当给予物质奖励和表彰。

(6)生产经营单位将生产经营项目、场所、设备发包、出租的,应当与承包、承租单位签订安全生产管理协议,并在协议中明确各方对事故隐患排查、治理和防控的管理职责。生产经营单位对承包、承租单位的事故隐患排查治理负有统一协调和监督管理的职责。

(7)安全生产监管监察部门和有关部门的监督检查人员依法履行事故隐患监督检查职责时,生产经营单位应当积极配合,不得拒绝和阻挠。

(8)生产经营单位应当每季、每年对本单位事故隐患排查治理情况进行统计分析,并分别于下一季度15日前和下一年1月31日前向安全生产监管监察部门和有关部门报送书面统计分析表。统计分析表应当由生产经营单位主要负责人签字。

对于重大事故隐患,生产经营单位除依照上述规定报送外,应当及时向安全生产监管监察部门和有关部门报告。

重大事故隐患报告内容应当包括:隐患的现状及其产生原因;隐患的危害程度和整改难易程度分析;隐患的治理方案。

(9)对于一般事故隐患,由生产经营单位(车间、分厂、区队等)负责人或者有关人员立即组织整改。对于重大事故隐患,由生产经营单位主要负责人组织制定并实施事故隐患治理方案。

重大事故隐患治理方案应当包括以下内容:治理的目标和任务;采取的方法和措施;经费和物资的落实;负责治理的机构和人员;治理的时限和要求;安全措施和应急预案。

(10)生产经营单位在事故隐患治理过程中,应当采取相应的安全防范措施,防止事故发生。事故隐患排除前或者排除过程中无法保证安全的,应当从危险区域内撤出作业人员,并疏散可能危及安全的其他人员,设置警戒标志,暂时停产停业或者停止使用;对暂时难以停产或者停止使用的相关生产储存装置、设施、设备,应当加强维护和保养,防止事故发生。

综上所述,企业隐患排查治理的主要职责如图5-3所示。

3. 有关监督管理的规定

在第三章监督管理中,对相关事项作了规定。

(1)安全监管监察部门应当指导、监督生产经营单位按照有关法律、法规、规章、标准和规程的要求,建立健全事故隐患排查治理等各项制度。

(2)安全监管监察部门应当建立事故隐患排查治理监督检查制度,定期组织对生产经营单位事故隐患排查治理情况开展监督检查;应当加强对重点单位的事故隐患排查治理情况的监督检查。对检查过程中发现的重大事故隐患,应当下达整改指令书,并建立信息管理台账。必要时,报告同级人民政府并对重大事故隐患实行挂牌督办。

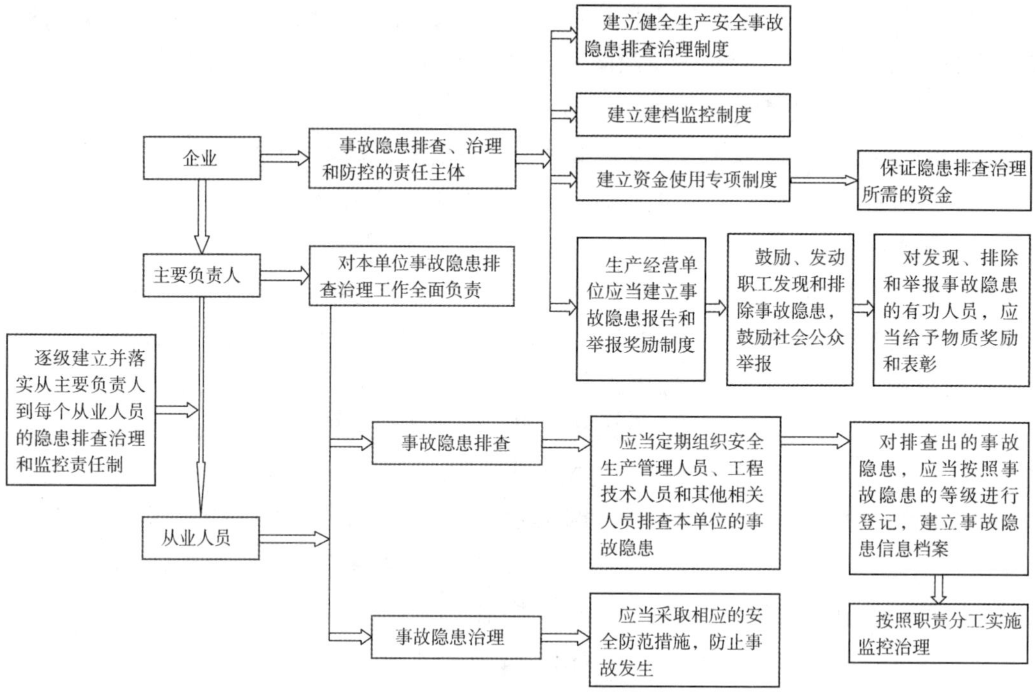

图5-3　企业隐患排查治理的主要职责

(3)已经取得安全生产许可证的生产经营单位,在其被挂牌督办的重大事故隐患治理结束前,安全监管监察部门应当加强监督检查。必要时,可以提请原许可证颁发机关依法暂扣其安全生产许可证。

(4)安全监管监察部门应当会同有关部门把重大事故隐患整改纳入重点行业领域的安全专项整治中加以治理,落实相应责任。

(5)对挂牌督办并采取全部或者局部停产停业治理的重大事故隐患,安全监管监察部门收到生产经营单位恢复生产的申请报告后,应当在10日内进行现场审查。审查合格的,对事故隐患进行核销,同意恢复生产经营;审查不合格的,依法责令改正或者下达停产整改指令。对整改无望或者生产经营单位拒不执行整改指令的,依法实施行政处罚;不具备安全生产条件的,依法提请县级以上人民政府按照国务院规定的权限予以关闭。

4. 有关处罚的规定

在第四章罚则中,对相关事项作了规定。

(1)生产经营单位及其主要负责人未履行事故隐患排查治理职责,导致发生生产安全事故的,依法给予行政处罚。

(2)生产经营单位违反本规定,有下列行为之一的,由安全监管监察部门给予警告,并处三万元以下的罚款:

①未建立安全生产事故隐患排查治理等各项制度的;

②未按规定上报事故隐患排查治理统计分析表的;

③未制定事故隐患治理方案的;

④重大事故隐患不报或者未及时报告的；

⑤未对事故隐患进行排查治理擅自生产经营的；

⑥整改不合格或者未经安全监管监察部门审查同意擅自恢复生产经营的。

(3)生产经营单位事故隐患排查治理过程中违反有关安全生产法律、法规、规章、标准和规程规定的，依法给予行政处罚。

(4)安全监管监察部门的工作人员未依法履行职责的，按照有关规定处理。

值得注意的是，目前国家安全生产监督管理总局正在修订《隐患排查治理暂行规定》，届时根据新的规定进行调整。

五、《公路水路行业安全生产隐患治理暂行办法》有关要求

为加强和规范公路水路行业安全生产隐患治理工作，督促从事交通运输生产经营活动的企事业单位落实安全生产主体责任，防范和遏制公路水路行业安全生产事故发生，保障人民群众生命财产安全，交通运输部于 2017 年 5 月 5 日下发了《公路水路行业安全生产事故隐患治理暂行办法》(交安监发〔2017〕60 号，以下简称《暂行办法》)。

《暂行办法》分为总则、分类分级、隐患排查与整改、重大隐患报备、隐患治理督查督办、监督管理、附则等七章，五十四条。为了便于读者学习、理解《公路水路行业安全生产隐患治理暂行办法》(附录二)。

六、《企业安全生产标准化基本规范》有关要求

2016 年 12 月 13 日，国家质量监督检疫总局、国家标准化管理委员会发布了《企业安全生产标准化基本规范》(GB/T 33000—2016)，自 2017 年 4 月 1 日起施行。制定本规范的目的是进一步引导推动企业自主开展安全生产标准化建设，建立安全生产管理体系，健全完善安全生产长效机制，提升企业安全生产管理水平。其中，在“5.5.3 隐患排查治理”中，涉及隐患排查、隐患治理以及验收与评估的要求如下。

1. 隐患排查

企业应建立隐患排查制度，逐级建立并落实从主要负责人到每位从业人员的隐患排查治理和防控责任制，并按照有关规定组织开展隐患排查治理工作，及时发现并消除隐患，实行隐患闭环管理。

企业应根据有关法律法规、标准规范等，组织制定各部门、岗位、场所、设备设施的隐患排查治理标准或排查清单，明确隐患排查的时限、范围、内容、频次和要求，并组织开展相应的培训。隐患排查的范围应包括所有与生产经营相关的场所、人员、设备设施和活动，包括承包商、供应商等相关方服务范围。

企业应按照有关规定，结合安全生产的需要和特点，采用综合检查、专业检查、季节性检查、节假日检查、日常检查等不同方式进行隐患排查。对排查出的隐患，按照隐患的等级进行记录，建立隐患信息档案，并按照职责分工实施监控治理。组织有关专业技术人员对本企

业可能存在的重大隐患做出认定，并按照有关规定进行管理。

2. 隐患治理

企业应根据隐患排查的结果，制定隐患治理方案，对隐患及时进行治理。

企业应按照责任分工立即或限期组织整改一般隐患。主要负责人应组织制定并实施重大隐患治理方案。治理方案应当包括目标和任务、方法和措施、经费和物资、机构和人员、时限和要求、应急预案。

企业在隐患治理过程中，应采取相应的监控防范措施。隐患排除前或排除过程中无法保证安全的，应从危险区域内撤出作业人员，疏散可能危及人身安全的人员，设置警戒标志，暂时停产停业或停止使用相关设备、设施。

3. 验收与评估

隐患治理完成后，企业应按照有关规定对治理情况进行评估、验收。重大隐患治理完成后，企业应组织本企业的安全管理人员和有关技术人员进行验收或委托依法设立的为安全生产提供技术、管理服务的机构进行评估。

有关隐患排查治理的法规、规章、标准体系如图5-4所示。

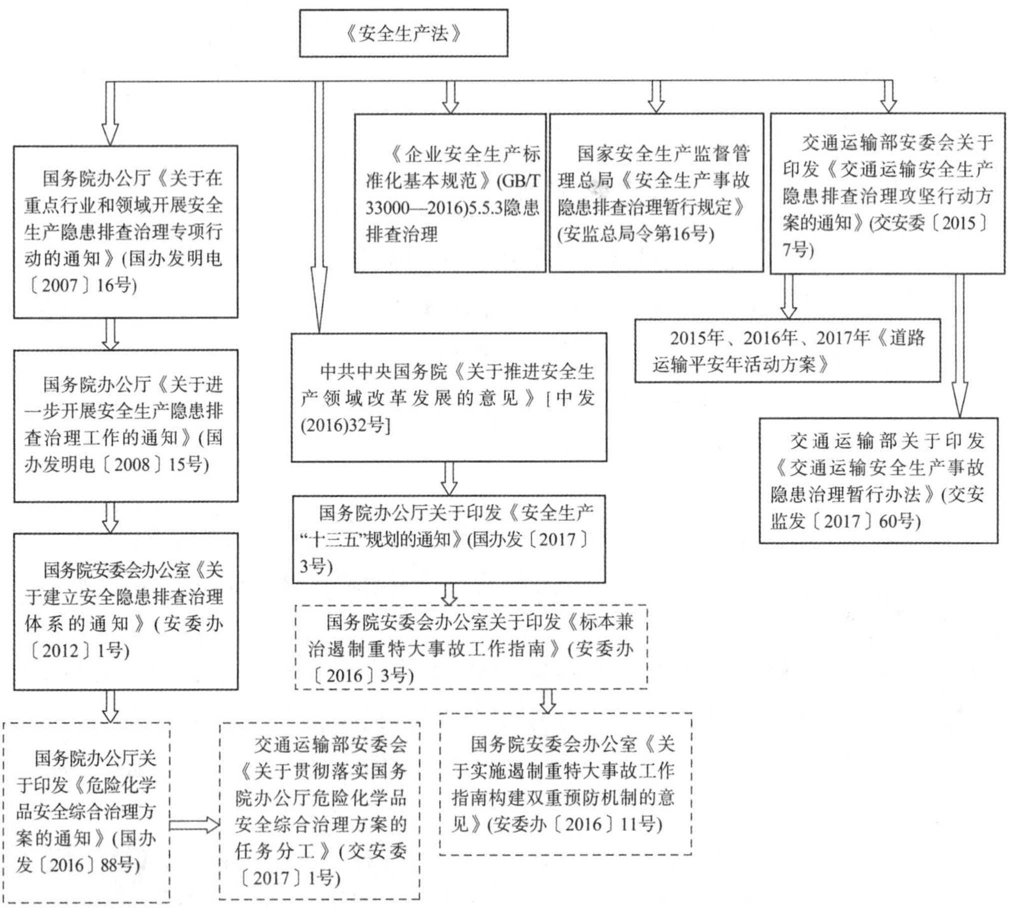

图5-4 隐患排查治理的法规、规章、标准体系

第二节　生产安全事故隐患排查治理的基本概念

一、基本概念

(一)隐患的相关概念

《暂行办法》定义,事故隐患(以下简称隐患)是指生产经营单位违反安全生产法律、法规、规章、标准、规程和安全生产管理制度等规定,或因其他因素在生产经营活动中存在的可能导致安全生产事故发生的人的不安全行为、物的不安全状态、场所的不安全因素和管理上的缺陷。许多事故的发生都是由于事故隐患引起的。

隐患按业务领域分为道路运输隐患、水路运输隐患、港口营运隐患、交通工程建设隐患、交通设施养护工程隐患和其他隐患六个类型。道路运输隐患又可按照业务属性分为危险货物道路运输事故隐患、道路旅客运输事故隐患等若干类别。

知识链接

《安全生产事故隐患排查治理暂行规定》

(国家安总局令第16号,自2008年2月1日起施行)

第三条　本规定所称安全生产事故隐患(以下简称事故隐患),是指生产经营单位违反安全生产法律、法规、规章、标准、规程和安全生产管理制度的规定,或者因其他因素在生产经营活动中存在可能导致事故发生的物的危险状态、人的不安全行为和管理上的缺陷。

事故隐患分为一般事故隐患和重大事故隐患。一般事故隐患,是指危害和整改难度较小,发现后能够立即整改排除的隐患。重大事故隐患,是指危害和整改难度较大,应当全部或者局部停产停业,并经过一定时间整改治理方能排除的隐患,或者因外部因素影响致使生产经营单位自身难以排除的隐患。

隐患首先强调的是“违规”(包括违反本企业规章制度);其次是指可能导致安全生产事故发生的人的不安全行为、物的不安全状态、场所的不安全因素和管理上的缺陷。这里提出的“人的不安全行为、物的不安全状态、场所的不安全因素和管理上的缺陷”也是“违规”产生的。因此,“隐患”强调是“违规”,这样也可以进一步区别“风险”。

(二)隐患的分级分类

1. 隐患分级

根据《暂行办法》,隐患分为重大隐患和一般隐患两个等级。重大隐患是指极易导致重特大安全生产事故,且危害和整改难度较大,需要全部或者局部停产停业,并经过一定时间整改治理方能消除的隐患,或者因外部因素影响致使生产经营单位自身难以消除的隐患。一般隐患是指除重大隐患外,可能导致安全生产事故发生的隐患,其危害和整改难度较小,发现后能够立即整改排除的隐患。《危险货物道路运输领域重大隐患分级判定指南》由交通运输部另行颁布。

2. 隐患分类

隐患分类有不同的方法，如按导致事故和职业危害的直接原因进行分类，或参照事故类别分类等。

（三）隐患排查治理的概念

隐患排查是指生产经营单位组织安全生产管理人员、工程技术人员和其他相关人员对本单位的事故隐患进行排查，对发现或排查出的事故隐患，按照"隐患分级判定指南"，确定隐患并登记，形成隐患清单和隐患排查工作台账。

根据《暂行办法》，隐患排查应做以下工作：

（1）生产经营单位应当建立隐患日常排查、定期排查和专项排查工作机制，明确隐患排查的责任部门和人员、排查范围、程序、频次、统计分析、效果评价和评估改进等要求，及时发现并消除隐患。

（2）隐患日常排查是生产经营单位结合日常工作组织开展的经常性隐患排查，排查范围应覆盖日常生产作业环节，日常排查每周应不少于1次。

（3）隐患专项排查是生产经营单位在一定范围、领域组织开展的针对特定隐患的排查，一般包括：

①根据政府及有关管理部门安全工作专项部署，开展针对性的隐患排查；

②根据季节性、规律性安全生产条件变化，开展针对性的隐患排查；

③根据新工艺、新材料、新技术、新设备投入使用对安全生产条件形成的变化，开展针对性的隐患排查；

④根据安全生产事故情况，开展针对性的隐患排查。

（4）隐患定期排查是由生产经营单位根据生产经营活动特点，组织开展涵盖全部交通运输生产经营领域、环节的隐患排查。定期排查每半年应不少于1次（图5-5）。

（5）生产经营单位应指定专门机构负责本单位安全生产隐患治理工作，定期检查本单位的安全生产状况，及时组织排查隐患，提出改进安全生产管理的建议。

（6）从业人员发现隐患，应当立即向现场安全生产管理人员或者本单位负责人报告；接到报告的人员应当及时予以处理。

（7）生产经营单位应认真填写隐患排查记录，形成隐患排查工作台账，包括排查对象或范围、时间、人员、安全技术状况、处理意见等内容，经隐患排查直接责任人签字后妥善保存。

（8）生产经营单位对发现或排查出的隐患，应当按照"隐患分级判定指南"，确定隐患等级，形成隐患清单。

（四）隐患治理的主要措施

隐患治理是指消除或控制隐患的活动或过程。对排查出的事故隐患，应当按照事故隐患的等级进行登记，建立事故隐患信息档案，并按照职责分工实施监控治理。对于一般事故隐患，由于其危害和整改难度较小，发现后应当由道路运输企业相关负责人或者有关人员立即组织整改。对于重大事故隐患，由企业主要负责人组织制定并实施事故隐患治理方案。

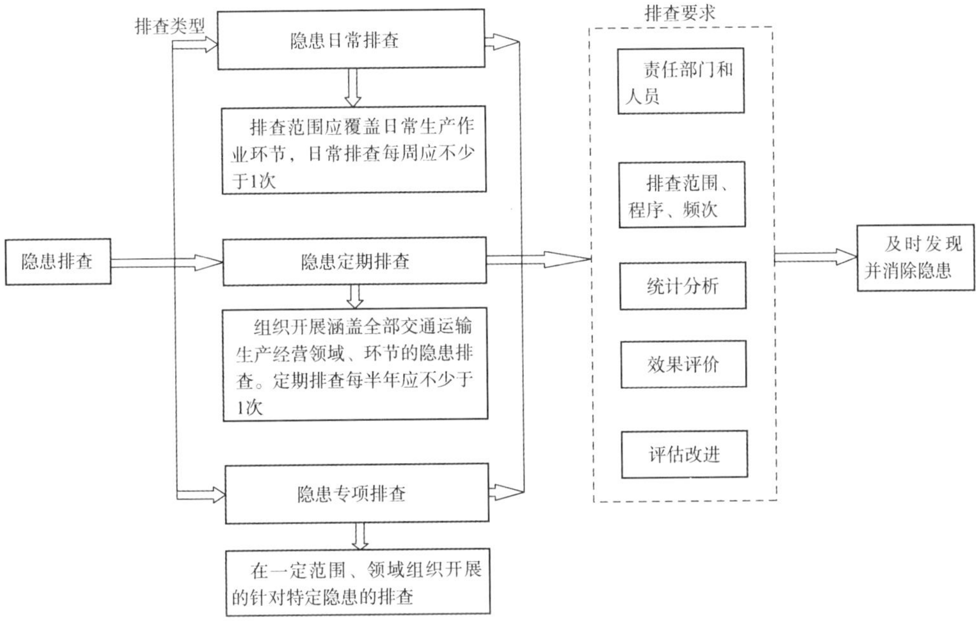

图 5-5　隐患排查治理主要工作

隐患治理措施一般分为工程技术措施、管理措施两类。

1. 制定隐患治理措施的基本要求

(1)能消除或减弱生产过程中产生的危险、有害因素；

(2)处置危险和有害物，并降低到国家规定的限值内；

(3)预防生产装置失灵和操作失误产生的危险、有害因素；

(4)能有效预防重大事故和职业危害的发生；

(5)发生意外事故时，能为遇险人员提供自救和互救条件。

隐患治理的措施有很多种，由于企业必须考虑成本投入，需要以最小代价取得最适当(不一定是最好)的结果。有时隐患治理很难彻底消除隐患，这就必须在遵守法律法规和标准规范的前提下，将其风险降低到企业可以接受的程度。可以这样说："最好"的方法不一定是最适当的方法，而最适当的方法一定是"最好"的方法。

例如，员工未正确佩戴安全帽是一个典型的低级别隐患，其治理方式在企业中主要是排查(检查)人员对其批评，责令其马上纠正，通常是不需要制定治理方案的。但如果经过统计分析，发现这种现象普遍存在，成为一种习惯性和群体性违章，那么要将其隐患级别上升，并制定治理方案，采取多种措施和手段进行治理。

2. 工程技术措施

工程技术措施的实施等级顺序是直接安全技术措施、间接安全技术措施、指示性安全技术措施等；根据等级顺序的要求应遵循按消除、预防、减弱、隔离、连锁、警告的等级顺序选择安全技术措施；工程技术措施应具有针对性、可操作性和经济合理性，并符合国家有关法规、标准和设计规范的规定。

根据安全技术措施等级顺序的要求，应遵循以下具体原则：

(1)消除。尽可能从根本上消除危险、有害因素。如采用无害化工艺技术，生产中以无害物质代替有害物质、实现自动化作业、遥控技术等。

(2)预防。当消除危险、有害因素有困难时，可采取预防性技术措施，预防危险、危害的发生。如使用安全阀、安全屏护、漏电保护装置、安全电压、熔断器、防爆膜、事故排放装置等。

(3)减弱。在无法消除危险、有害因素和难以预防的情况下，可采取减少危险、危害的措施。如使用局部通风排毒装置，生产中以低毒性物质代替高毒性物质，采取降温措施，使用避雷装置、消除静电装置、减振装置、消声装置等。

(4)隔离。在无法消除、预防、减弱的情况下，应将人员与危险、有害因素隔开和将不能共存的物质分开。如遥控作业、安全罩、防护屏、隔离操作室、安全距离、事故发生时的自救装置(如防护服、各类防毒面具)等。

(5)连锁。当操作者失误或设备运行一旦达到危险状态时，应通过连锁装置终止危险、危害发生。

(6)警告。在易发生故障和危险性较大的地方，配置醒目的安全色、安全标志，必要时设置声、光或声光组合报警装置。

3. 安全管理措施

安全管理措施是非常重要的隐患治理措施，但是往往得不到企业的足够重视，也缺乏创新，即使有也是老生常谈式的措施，如提高安全意识、加强培训教育和加强安全检查等。其实管理措施往往能系统性地解决很多普遍和长期存在的隐患，这就需要在实施隐患治理时，主动和有意识地研究分析隐患产生原因中的管理因素，发现和掌握其管理规律，通过修订有关规章制度和操作规程并贯彻执行，来从根本上解决问题。

4.《暂行办法》的有关要求

《暂行办法》涉及的隐患治理(整改)要求有：

(1)生产经营单位应对排查出的隐患立即组织整改，隐患整改情况应当依法如实记录，并向从业人员通报。

(2)一般隐患整改完成后，应由生产经营单位组织验收，出具整改验收结论，并由验收主要负责人签字确认。

(3)生产经营单位在隐患整改过程中，应当采取相应的安全防范措施，防范发生安全生产事故。

(4)重大隐患整改应制定专项方案，包括以下内容：整改的目标和任务；整改技术方案和整改期的安全保障措施；经费和物资保障措施；整改责任部门和人员；整改时限及节点要求；应急处置措施；跟踪督办及验收部门和人员。

(5)重大隐患整改完成后,生产经营单位应委托第三方服务机构或成立隐患整改验收组进行专项验收。生产经营单位成立的隐患整改验收组成员应包括生产经营单位负责人、安全管理部门负责人、相关业务部门负责人和2名以上相关专业领域具有一定从业经历的专业技术人员。整改验收应根据隐患暴露出的问题,全面评估,出具整改验收结论,并由组长签字确认。

(6)重大隐患整改验收通过的,生产经营单位应将验收结论向属地负有安全生产监督管理职责的交通运输管理部门报备,并申请销号。报备申请材料包括:重大隐患基本情况及整改方案;重大隐患整改过程;验收机构或验收组基本情况;验收报告及结论;下一步改进措施。

(7)重大隐患整改验收完成后,生产经营单位应对隐患形成原因及整改工作进行分析评估,及时完善相关制度和措施,依据有关规定和制度对相关责任人进行处理,并开展有针对性的培训教育。

(8)生产经营单位应当根据生产经营活动特点,定期组织对本单位隐患治理情况进行统计分析,及时梳理、发现安全生产苗头性问题和规律,形成统计分析报告,改进安全生产工作。

(9)生产经营单位应当建立隐患治理表彰、激励机制,鼓励从业人员主动参与排查和消除隐患,并将隐患治理责任落实情况作为重要内容纳入员工岗位绩效考核。

(10)生产经营单位应当建立隐患治理全员参与机制,畅通投诉、举报渠道,鼓励从业人员对生产经营活动中隐患治理责任不落实,危及生产经营安全的行为和状态进行投诉或举报,并切实保障投诉或举报人合法权益。

(11)工会发现生产经营单位存在隐患时,有权提出解决的建议,生产经营单位应当及时研究答复;对危及从业人员生命安全的隐患,有权向生产经营单位建议组织从业人员撤离危险场所,生产经营单位必须立即做出处理。

(12)生产经营单位在生产经营活动中存在项目发包、场地或设施设备出租的,应当对承包单位、承租单位的安全生产条件或者相应资质进行审查,并签订专门的安全生产管理协议,或者在承包合同、租赁合同中约定有关安全生产管理事项,明确双方隐患治理责任。

(13)生产经营单位不得向不具备安全生产条件或者相应资质的单位发包项目或出租场地。

(14)生产经营单位应对具备安全生产条件或者相应资质承包、承租单位的安全生产工作统一协调、管理,定期进行安全生产检查,发现隐患的,应当及时督促整改。

二、基本要求

(一)健全隐患排查工作机制

危险货物道路运输企业应当建立隐患排查工作机制,明确隐患排查的责任部门和人员、排查范围、程序、频次、统计分析、效果评价和评估改进等要求。应指定专门机构负责本企业安全生产隐患治理工作，定期检查本企业的安全生产状况，及时组织排查隐患，提出改进安全生产管理的建议。应认真填写隐患排查记录，形成隐患排查工作台账，详细记录排查对象（范围）、排查时间、参加人员、安全技术状况、处理意见等具体内容，并经隐患排查直接责任人签字后妥善保存。对于发现或排查出的隐患，应当按照“隐患分级判定指南”，确定隐患等级，形成隐患清单。

（二）加强隐患统计分析工作

企业应当根据生产经营活动特点，定期组织对本企业隐患治理情况进行统计分析，及时梳理、发现安全生产苗头性问题和规律，形成统计分析报告，改进安全生产工作。

（三）建立隐患治理激励机制

企业应建立隐患治理表彰、激励机制，鼓励从业人员主动参与排查和消除隐患，并将隐患治理责任落实情况作为重要内容纳入员工岗位绩效考核。鼓励从业人员对生产经营活动中隐患治理责任不落实，危及生产经营安全的行为和状态进行投诉或举报。

（四）加强对承包单位、承租单位的安全管理

如果企业在生产经营活动中存在项目发包、场地设备出租等，应当对承包单位、承租单位的安全生产条件或者相应资质进行审查，并签订专门的安全生产管理协议，或者在承包合同、租赁合同中约定有关安全生产管理事项，明确双方隐患治理责任。应对承包单位、承租单位的安全生产工作进行统一协调、管理，定期对其进行安全生产检查。发现隐患的，应当及时督促整改。

（五）加强隐患治理资金投入

企业应加大安全投入，积极应用信息化、智能化技术手段和安全性能高的新工艺、新材料、新技术和新装备，减少和消除隐患。

三、危险货物道路运输事故隐患清单

根据《暂行办法》要求，生产经营单位对发现或排查出的隐患，应当按照“隐患分级判定指南”，确定隐患等级，形成隐患清单。结合危险货物道路运输企业事故隐患排查治理工作实际，本书对常见事故隐患进行了总结，形成了事故隐患清单，见表5-1。

危险货物道路运输事故隐患清单 表5-1

类别	隐患名称	隐患说明	检查方法
人的不安全行为	驾驶人员、押运员、装卸管理员缺乏相应的能力和知识	驾驶人员、押运员、装卸管理员无相应从业资格；驾驶人员、押运员、装卸管理员不熟悉安全操作规程、所运危险货物的性质、危害特性、包装物或者容器的使用要求和发生意外事故时的处置措施	查阅档案，询问相关人员

续上表

类别	隐患名称	隐患说明	检查方法
人的不安全行为	驾驶人员作业行为不规范	驾驶人员存在疲劳驾驶行为(连续驾驶时间超过4小时,24小时内累计驾驶超过8小时);驾驶人员存在酒后驾驶、超速驾驶、强行超车、超载超限等行为;驾驶人员行车过程存在接打手机、与他人交谈、穿着拖鞋或高跟鞋等妨碍安全驾驶的行为;驾驶人员未按照道路交通安全主管部门指定的行车时间和路线运输危险货物;未随车携带"道路运输危险货物安全卡"或相关单证	查阅记录,查看现场
	押运人员作业行为不规范	押运员未定时停车检查货物状态是否安全;未及时监督、提醒驾驶人员按照有关运输规定行车和停车	查阅记录,查看现场
	装卸管理人员作业行为不规范	装卸管理人员未按照"安全作业规程"对道路危险货物装卸作业进行现场监督;装卸管理人员未对装卸机具的维护保养进行监督和检查,未建立相关记录档案	查阅记录,查看现场
	企业相关负责人和专职安全管理人员缺乏相应的安全知识和管理能力	企业相关负责人和专职安全管理人员不具备相应的安全知识和管理能力,未取得行业主管部门的培训合格证;专职安全管理人员对各岗位的安全生产业务操作规程不熟悉	查阅档案,询问相关人员
物的不安全状态	专用车辆不符合有关规定和要求	专用车辆不符合《道路危险货物运输管理规定》要求;未安装具有行驶记录功能的卫星定位装置,未配备安全有效的通信工具,未悬挂相应标志,标志灯(牌)、标识缺失;未配备有与运输的危险货物性质相适应的安全防护、环境保护和消防设施设备;未随车携带遮盖、捆扎、防潮、防火、防毒等工具和应急处理设备、劳动防护用品	查验相关设施设备
	罐式专用车辆不符合有关规定和要求	罐式专用车辆的常压罐体的质量不符合,应当符合《道路运输液体危险货物罐式车辆　第1部分:金属常压罐体技术要求》(GB 18564.1—2006)等有关技术要求;压力容器不符合《移动式压力容器安全技术监察规程》(TSG R0005—2011)等有关技术要求	查验相关设施设备
	装卸设备不符合有关规定和要求	未定期检查装卸设备;装卸易燃易爆危险货物的机械未安装火星熄灭装置,未使用防爆型电气设备	查阅记录,查验相关设施设备
	车辆例检不符合有关规定和要求	车辆制动、传动、转向设施劣化或失效,不能及时制动、传动或转向;灯光、信号装置存在故障,照明受到影响;车速表故障,驾驶人员不能准确掌握行驶速度;车胎损毁严重,有裂纹或扎入杂物;后视镜损坏,刮水器失效、喇叭失效;制动防抱死装置失效;安全气囊损坏;安全带损坏,保险杠损坏	查验相关设施设备

续上表

类别	隐患名称	隐患说明	检查方法
物的不安全状态	车辆安全设施不符合有关规定和要求	应急开关门损坏；消防器材、故障停车应急警示标志牌、消防锤、三角木、防滑链等安全设施器具缺失或无效	查验相关设施设备
	车辆动态监管设施不符合有关规定和要求	营运车辆未安装符合行业标准的卫星定位系统车载终端；卫星定位系统车载终端未接入符合行业标准的监控平台和全国重点营运车辆联网联控系统；未建立企业监控平台，未及时向上级监管平台传输定位数据；车载GPS损坏或长期不在线	查验相关设施设备，查阅记录
	劳动防护用品不符合有关规定和要求	防静电服、防静电鞋、防化学液眼镜、防毒口罩（面具）、防毒物渗透工作服、防毒物渗透手套、滤毒罐、化学防护手套等劳动防护用品用具缺乏或失效，医药箱、医用手套、口罩等急救用具缺乏或失效	查验相关设施设备
场所的不安全因素	停车场存在不安全因素	未按照《道路危险货物运输管理规定》要求，建立与企业经营范围、规模相适应的停车场地；停车场地的选址、面积、平面布局不符合有关规定；停车场的安全设施设备的配置类型、规格、数量及设置地点不符合国家有关标准	查验相关设施设备
	临时停车存在不安全因素	未经相关部门批准，在居民聚居点、行人稠密地段、政府机关、名胜古迹、风景游览区临时停车	查阅记录
	行车环境存在不安全因素	行车过程遭遇大雾、雷雨、雪天等恶劣天气，经过颠簸、泥泞、冰冻、狭窄、山区等危险路段，未采取有效防护措施	查阅记录
管理上的缺陷	企业资质不符合有关规定和要求	《道路运输经营许可证》《企业法人营业执照》缺失或无效，经营范围不符合要求	查阅文件
	安全生产管理制度不符合有关规定和要求	未按照《危险货物道路运输企业安全生产管理制度编写要求》（JT/T 912—2014）的要求制订完善的安全生产管理制度，其主要包括：安全生产监督检查制度，安全生产教育培训制度，从业人员安全管理制度，专用车辆安全管理制度，安全设施设备（停车场）管理制度，应急救援预案管理制度，安全生产会议制度，安全生产考核与奖惩制度，安全事故报告、统计与处理制度	查阅制度文本
	安全生产责任落实不符合有关规定和要求	未按照《危险货物道路运输企业安全生产责任制编写要求》（JT/T 913—2014）的要求编制安全生产责任制，企业各部门及企业主要负责人、分管负责人、安全管理部门负责人、专职安全管理人员、驾驶人员、押运员、装卸管理员的安全职责不明确；未层层签订安全生产责任书，未进行定期考核奖惩	查阅制度文本，询问相关人员

续上表

类别	隐患名称	隐患说明	检查方法
管理上的缺陷	安全管理机构设置不符合有关规定和要求	未按照安全法规要求,成立安全生产委员会和独立的安全生产管理机构,且其管理职责和要求不够明确	查阅文件
	安全会议管理不符合有关规定和要求	企业未按照法规要求,定期召开安全生产委员会安全例会;安全例会会议记录不完备	查阅会议记录,询问相关人员
	安全生产费用管理不符合有关规定和要求	未按照相关规定足额提取安全生产经费;安全生产经费未实行专款专用;未建立经费使用台账,支出范围不合规	查阅文件、财务台账
	安全生产教育培训管理不符合有关规定和要求	缺乏安全学习教育培训制度;未定期对专职安全管理人员、驾驶人员、押运员等从业人员组织开展安全培训;培训时间达不到有关规定学时	查阅文件,询问相关人员
	从业人员管理不符合有关规定和要求	未制定并及时修订各岗位的安全生产操作规程;未对从业人员进行安全操作规程的学习和培训;从业人员未严格执行本单位的安全操作规程;安全生产管理人员配备不足;未建立驾驶人员行车安全档案管理制度,且未一人一档;未对违章违规较多的驾驶人员进行及时处理	查阅文件,询问相关人员
	专用车辆管理不符合有关规定和要求	未制定并落实车辆技术管理制度,未落实专人负责车辆技术管理工作;未建立并落实车辆安全检查制度,未做好出车前、行车中及收车后的车辆检查工作;未建立单车车辆技术档案,档案不全	查阅文件和记录,查验车辆设施设备
	保险管理落实不符合有关规定和要求	未按照国家、企业规定的险种对营运车辆和员工进行保险	查阅文件,询问相关人员
	应急救援管理不符合有关规定和要求	未按照《危险货物道路运输企业运输事故应急预案编制要求》(JT/T 911—2014)的要求制定相应的运输事故应急预案;未定期评审应急预案,并根据评审结果或实际情况的变化进行修订;未开展应急预案培训活动;未按照有关规定制定应急预案演练计划,未按计划组织开展应急预案演练;未配备专兼职应急救援队伍、应急物资及装备	查阅文件和记录,询问相关人员

第三节 隐患治理职责划分

企业是安全生产的责任主体。搞好安全生产管理工作,必须逐步解决企业自律问题,让企业主体责任的落实有载体。在建立隐患排查治理体系过程中,要明确政府与企业的职责定位,各级政府要充分发挥指导、监督、管理的作用,通过政府监管(管理)职责的落实推动企业隐患排查治理主体责任的落实。

《暂行办法》明确提出，隐患治理工作应坚持“单位负责、行业监管、分级管理、社会监督”的原则。

一、危险货物道路运输企业的职责

根据《安全生产法》《暂行办法》规定，生产经营单位是隐患治理的责任主体，生产经营单位主要负责人对本单位隐患治理工作全面负责，应当部署、督促、检查本单位或本单位职责范围内的隐患治理工作，及时消除隐患。生产经营单位应当建立健全生产安全事故隐患排查治理制度，采取技术、管理措施，及时发现并消除事故隐患。事故隐患排查治理情况应当如实记录，并向从业人员通报。

二、综合监管部门的职责

《安全生产法》中明确规定：国务院安全生产监督管理部门依照本法，对全国安全生产工作实施综合监督管理；县级以上地方各级人民政府安全生产监督管理部门依照本法，对本行政区域内安全生产工作实施综合监督管理；安全生产监督管理部门应当按照分类分级监督管理的要求，制定安全生产年度监督检查计划，并按照年度监督检查计划进行监督检查，发现事故隐患，应当及时处理。

国家安全生产监督管理总局作为综合监管部门，要充分发挥安全生产委员会办公室组织、协调、指导、监督作用，在事故隐患排查治理体系建设工作中主要承担组织、协调、监督、考核等职责。

（一）具体职责

1. 省（自治区、直辖市）级安全监管部门职责

（1）制定适用全省统一的事故隐患排查治理标准。建议省以下地区不再制定隐患排查治理标准。可以采取由行业管理部门分头制定，安全监管部门汇总的方式，也可以采取由安全监管部门统一制定。在制定隐患排查治理标准时要与安全生产标准化评定标准相结合，正确处理好二者之间的关系。广东省珠海市安全生产监督管理局将隐患排查治理标准与安全生产标准化评定标准合二为一，隐患排查治理的标准即为企业开展安全生产标准化的依据。深圳市安全生产监督管理局则将二者分开，标准化评定标准相对比较系统，而隐患排查治理标准更为具体、细化。具体标准制定详见第四章有关内容。

（2）建立隐患排查治理信息系统。原则上，省级隐患排查治理系统主要实现数据汇总分析、形势预判的功能即可。

（3）建立安全隐患排查治理规章制度，规范工作流程。

（4）建立隐患统计汇总分析制度。通过自查自报信息管理系统，及时收集、汇总、分析生产经营单位事故隐患数据，对排查出的集中性或危险性较大的事故隐患，组织开展有针对性的专项整治活动。

（5）负责省级挂牌重大隐患的审核认定、监督治理、综合协调和销账备案等工作。

2. 市(地)级安全监管部门职责

(1)建设隐患排查治理信息系统。原则上,隐患排查治理信息系统以市(地)级为单位进行建设,形成统一的数据库。

(2)制定隐患排查治理实施方案,出台规范性管理文件。

(3)协调本行政区域内行业管理部门,分片组织开展事故隐患排查治理工作。

(4)组织区(县)级安全监管部门、同级行业监管(管理)部门安全管理人员进行培训。

(5)建立例会、函告、监督检查、考核等工作制度。

(6)负责市级挂牌重大隐患的审核认定、监督治理、综合协调和销账备案工作。

3. 区(县)级安全监管部门职责

(1)具体负责组织本辖区内企业台账建立,负责组织乡镇、街道录入企业基础信息。

(2)负责组织以乡镇为单位进行企业培训。

(3)负责督促企业开展隐患自查自报工作。

(4)负责依托市级系统逐级汇总、分析、上报隐患排查治理情况。

(二)典型实例

北京市顺义区安全生产监督管理局作为县(区)级安全监管部门,几年来紧紧依靠区委、区政府的大力支持,充分履行综合监管职责,通过季度例会、镇街月例会和每季度综合指标考核等措施,组织、协调、监督、考核各行业管理部门和属地政府的安全生产管理工作,为区政府决策提供科学依据。作为综合监管部门,主要做了以下工作。

(1)强化政策支撑。以区政府名义出台《生产经营单位安全生产分类分级管理办法(试行)》《生产经营单位事故隐患自查自报管理办法》《生产经营单位危险化学品使用安全管理办法》等安全生产规范性管理文件,使全区安全生产工作有章可循,逐步纳入规范化、标准化管理轨道。

(2)强化制度保障。按照"党委领导、政府负责、社会协同、公众参与"的总体要求,安全生产重大事项提交区委常委会研究讨论。同时,建立并坚持政府常务会安全生产形势季度分析会制度,将安全生产工作列入政府议事日程,每季度区政府常务会都要听取安全生产专题汇报;责成全区综合监管部门、核心行业管理部门和属地管理部门坚持每月召开科长安全例会以及专项、重点工作协调会。

(3)强化安全投入。2004 年以来,累计投入 2000 余万元,为属地配备 40 辆执法车,保障安全生产信息化建设,购置 PDA 执法检查装备等。加大隐患排查治理力度,截至目前,全区共排查治理各类隐患 65121 个,落实安全隐患整改资金 3. 31 亿元,全区安全监管保障水平显著提高。

(4)强化队伍建设。建立了区、镇、村三级监管网络,全区 23 家主要行业管理部门和 19 个镇、6 个街道和 15 个经济功能区全部设置了专兼职的安全监管机构;村和居委会设置了 524 名专兼职村级安全生产检查员。

(5)强化督查考核。出台了行业管理部门和属地政府安全生产考核办法,将行业管理部门和属地管理部门的核查比例与年初下达的安全生产执法指标相联系，列入年终绩效考核。对于分类分级和自查自报推进不力的单位和干部，取消其安全生产评先进资格，确保安全生产管理工作在政府管理层面得到落实。

三、行业管理部门的职责

《安全生产法》中明确规定，国务院有关部门依照本法和其他有关法律、行政法规的规定，在各自的职责范围内对有关行业、领域的安全生产工作实施监督管理；县级以上地方各级人民政府有关部门依照本法和其他有关法律、法规的规定，在各自的职责范围内对有关行业、领域的安全生产工作实施监督管理。

《暂行办法》规定，交通运输部指导全国公路水路行业安全生产隐患治理管理工作。地方交通运输管理部门和有关部属单位指导管辖范围内安全生产隐患治理管理工作。属地负有安全生产监督管理职责的交通运输管理部门具体负责管辖范围内生产经营单位安全生产隐患治理的监督，督促生产经营单位落实重大隐患治理和报备。

(一)具体职责

(1)督促、指导、组织培训本行业领域生产经营单位开展事故隐患自查自报工作，定期监督检查生产经营开展事故隐患排查治理工作情况。

(2)建立生产经营单位约谈制度。

(3)建立交流工作机制。通过座谈会、现场观摩等方式，定期组织生产经营单位之间开展事故隐患自查自报交流学习活动。

(二)典型实例

北京市顺义区安全生产监督管理局在履行好综合监管职责的基础上，充分发挥和调动行业监管(管理)部门的积极性。

(1)明确监管职责和范围。2008 年，顺义区出台了《生产经营单位安全生产分类分级管理办法》，根据国民经济分类和结合辖区内生产经营单位类型，把生产经营单位分为“工业生产、人员聚集、危险化学品、工程建设、道路交通和其他”6 大类，将安全监管职责划分到 18 个行业管理部门，2009 年结合事故隐患自查自报工作，进一步细化监管，将 6 大类生产经营单位划分为 105 小类，18 个行业管理部门扩展到 23 个，由行业管理部门牵头制定了 47 套不同行业类型的事故隐患自查标准，做到每一类型生产经营单位对应一个行业管理部门，适用一套自查标准(图 5-6)。

(2)积极履行行业监管(管理)职责。2007 年北京市政府出台了关于加强人员密集场所的五个安全生产规定，明确了商务、文化、体育、旅游等部门的行业监管职责，为推进顺义区事故隐患自查自报工作奠定了基础。顺义区有监管权的部门依法履行监管职责，无监管权的部门履行管理职责，如区商务委对 1000m^2 以上的商业零售单位履行监管职责，对 1000m^2 以下的商业零售单位履行管理职责。顺义区 23 家行业管理部门在事故隐患自查自报工作中履行制定标准、组织生产经营单位培训、指导督促查报、监督核查等职责(图 5-7)。

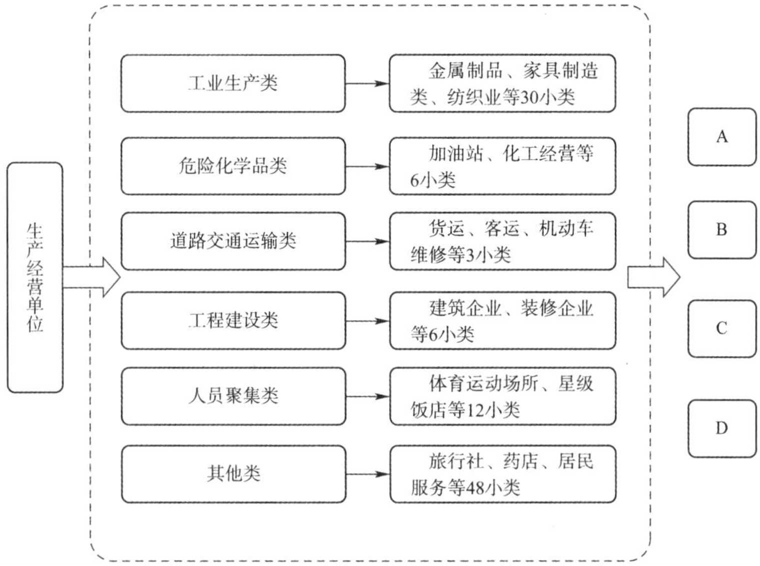

图 5-6　生产经营单位实行分类分级差异化管理

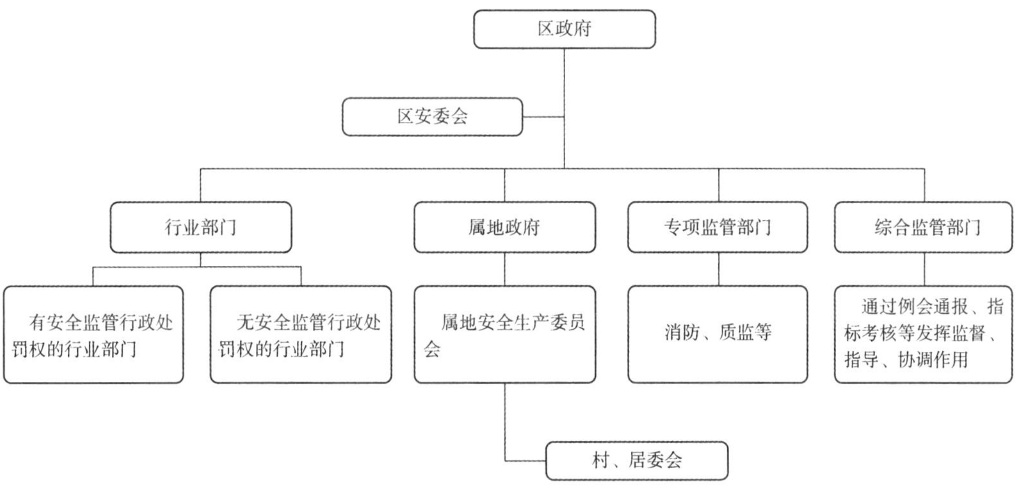

图 5-7　政府部门结构图

四、专项监管部门的职责

消防、质监等专项监管部门要按照消防、特种设备安全等法律、法规、规章的规定，对企业履行专项监管职责，及时跟踪、督促、处理属地管理部门和行业监管（管理）部门移送的安全隐患，积极做好职责范围内的安全监管工作。

第六章　生产安全事故隐患排查治理

第一节　隐患排查

为保证隐患排查工作能够打下坚实的基础,企业必须做好与之相关的准备工作。隐患排查治理是涉及企业所有部门、所有生产流程、所有人员的一项系统工程,如果不做好全面准备,那么所建立的隐患排查治理机制将缺乏系统性和可操作性,结果必然是“一阵风”式的开展一次“运动”,不能做到深入和持久开展自查工作。

(1)收集信息。由企业安全生产主管部门和有关专业人员,对现行的有关隐患排查治理工作的各种信息、文件、资料等通过多种行之有效的方式进行收集。此项工作也可以委托与企业有合作关系的服务方来实施。

(2)辅助决策。将收集信息形成的有关材料向企业管理层汇报,并说明有关情况,使企业管理层的领导能够全面、正确理解和认识隐患排查治理工作,对企业隐患排查治理工作做出正确决策。

(3)领导决策。高、中层领导需要从思想意识中真正认识到实施隐患排查治理工作的重要性,并为此项工作提供充分的各类资源,隐患排查治理工作才会在企业得到有效和完全实施。

一、指定专门机构负责隐患排查治理工作

危险货物道路运输企业应指定专门机构负责本单位安全生产隐患治理工作。这个机构的主要职责有四个方面:

(1)根据有关规定,结合本企业安全生产实际,制定隐患排查制度、标准等;

(2)组织专业人员定期检查本企业的安全生产状况;

(3)按照规定定期组织排查隐患,并提出整改意见,督促业务部门进行整改;

(4)对本企业的安全生产管理工作提出改进建议。

二、建立隐患排查责任体系

危险货物道路运输企业应当建立隐患治理全员参与机制,落实从主要负责人到每位从业人员的事故隐患排查治理和防控责任,形成隐患排查治理和防控责任体系。由企业负责人担任隐患排查治理工作的总负责人,以安全生产委员会为总决策管理机构,以安全生产管理部门为办事机构,以基层安全管理人员为骨干,以全体员工为基础,形成从上至下的组织

保证。

形成从主要负责人到一线员工的隐患排查治理工作网络，确定各个层级的隐患排查治理职责。

(1)领导层。主要负责人是隐患排查治理工作的第一责任人，通过安全生产委员会、领导办公会等形式，将隐患排查治理工作纳入其日常工作的范围中，亲自定期组织和参与检查，及时、准确把握情况，发出明确的指令。主管负责人要在其职责中明确有关隐患排查治理的内容，将有关情况上传下达，做好主要负责人的帮手。其他有关领导也要在各自管辖范围内做好隐患排查治理工作，至少要知道、过问、督促、确认。

(2)管理层。安全生产管理机构和专职安全管理人员是隐患排查治理工作的骨干力量，编制有关制度、培训各类人员、组织检查排查、下达整改指令、验证整改效果等是其主要的工作内容。还要通过监督方式对各部门、下属单位及所有员工在隐患排查治理工作方面的履职情况进行了解，纳入考核，全力推动隐患排查治理工作的全方位和全员化。

(3)操作层。按照责任制、相关规章制度和操作规程中明确的隐患排查治理责任，在日常的各项工作中，员工要有高度的隐患意识，随时发现和处理各种隐患和事故苗头，自己不能解决的及时上报，同时采取临时性的控制措施，并注意做好记录，为统计分析隐患留下资料。

三、建立健全隐患排查制度体系

制度是危险货物道路运输企业安全管理的基本依据，需要将国家、行业的法律法规、标准规范以及上级、外部的其他要求全面掌握，将其各项具体的规定结合企业自身的实际情况，通过编制工作制度将外部的规定转化为企业隐患排查的各项规章制度，再经过全面执行和落实，变成企业的管理行动。

根据《安全生产事故隐患排查治理暂行规定》《公路水路行业安全生产隐患治理暂行办法》中的有关要求，危险货物道路运输企业在开展隐患排查时应建立如下制度：

1. 建立事故隐患排查治理制度

(1)明确主要负责人、分管负责人、部门和岗位人员隐患排查治理工作要求、职责范围、防控责任；

(2)根据国家、行业、地方有关事故隐患的标准、规范、规定，编制事故隐患排查清单，明确和细化事故隐患排查事项、具体内容和排查周期；

(3)明确隐患判定程序，按照规定对本单位存在的重大事故隐患做出判定；

(4)明确重大事故隐患、一般事故隐患的处理措施及流程；

(5)组织对重大事故隐患治理结果的评估；

(6)组织开展相应培训，提高从业人员隐患排查治理能力；

(7)应当纳入的其他内容。

2. 建立隐患排查治理激励约束制度

鼓励从业人员主动参与排查和消除隐患，并将隐患治理责任落实情况作为重要内容纳人员工岗位绩效考核。对发现、报告和消除事故隐患的有功人员，应当给予物质奖励或者表彰；对瞒报事故隐患或者隐患排查治理不力的人员予以相应处理。

3. 建立隐患排查治理资金使用专项制度

企业应当保证事故隐患排查治理所需的资金，建立资金使用专项制度。

4. 加强对隐患排查制度文件管理

隐患排查治理制度的文件管理应当关注如下几个环节：

(1)审批发布

由各级领导按职责权限对隐患排查治理制度文件进行审阅，征求相关意见并进行最后修改，然后按文件发布的权限进行审批，最终按企业文件管理的程序正式发布。

(2)发放

隐患排查治理制度发放到哪一级、哪些人，直接影响制度能否充分贯彻执行。很多单位在实际工作中形成了文件只发放到中层领导这一级的习惯，再向下就仅仅是组织员工学习（就是宣读），导致很多真正需要按文件规定进行操作的人员无法获取相应的文本，使文件内容得不到有效实施。

发布不仅是发个红头文件即可，应当将新增的规章制度纳入已有的文件体系，如汇编、电子版（光盘）、内部网络等。

(3)保存

保存的目的不单是存放，更重要的是方便其使用，因此文件应当保存在方便获取、便于查阅的地方，并应将相关手续告知有关人员。

(4)文件的使用

发布文件的目的是使之得到有效的执行使用，这就要求每个相关人员必须不折不扣严格按文件规定执行，必须养成良好的"死板"习惯，在制度面前决不能"灵活"使用。

(5)文件的修改

文件在执行过程中发现存在问题时，应当根据提出意见和建议的方法和程序，逐级向上反映，由文件编制部门按手续收集反馈意见，并根据规定的步骤和程序进行修改。

(6)文件作废和存档

当文件换版、作废时，应按相应的步骤规定执行，以防止使用已经过期的文件，保证相关岗位和人员获得有效版本。

已作废的文件除大部分销毁或处理掉以外，还应保留底稿，目的是使文件的修改有一定的连续性，为今后其他文件的编制提供参考。

四、全面培训

1. 初步培训

在全面铺开隐患排查工作之前，应对有关人员进行初步培训，使其掌握"谁来干？干什么？如何干？工作质量有什么要求？"等内容。

企业隐患排查治理体系建设的初期培训对象分为两种,一是对领导层(高层与中层)人员进行背景培训,二是对承担推进工作的骨干人员进行全面培训。

对领导(高层与中层)进行背景培训,通过培训,使相关领导充分认识到企业实施隐患排查治理体系的重要意义、作用,让他们了解整个实施过程,知道隐患排查职责,以及应该给予隐患排查治理工作的支持和保障。

对承担推进工作的骨干人员进行全面培训,主要内容包括:背景(可与领导层培训合并进行)、相关政策法规、隐患排查标准内容详解、制度编写、隐患排查治理过程等方面。

2. 全员培训

隐患排查的主体是企业的所有人员,包括从领导到一线员工,直到在企业工作范围内的外部人员,以保证排查的全面性和有效性。

在发布隐患排查治理制度文件之后,组织全体员工,按照不同层次、不同岗位的要求,学习相应的隐患排查治理制度文件内容。

所有人员能不能或者会不会隐患排查是关键,必须对其进行有针对性和有效果的教育培训。要将隐患排查的内容纳入各种安全生产教育培训工作中,并根据需要做专门培训,还要确认培训的效果,以保证所有人员有意识、有能力开展隐患排查。

注意:培训工作应以已有的培训方面的规章制度为准,按其要求实施。

五、实施排查

生产经营单位应当按照事故隐患判定标准和排查清单,组织安全生产管理人员、工程技术人员和其他相关人员排查本单位的事故隐患。排查的实施是一个涉及企业所有管理范围的工作,需要有计划、按部就班地开展。

1. 制定排查工作方案

排查工作涉及面广、时间较长,需要制定一个比较详细可行的工作方案,确定参加人员、排查内容、排查时间、排查安排、排查记录等内容。为提高效率,也可以与日常安全检查、安全生产标准化的自评工作或管理体系中的合规性评价和内审工作相结合。

2. 明确排查方式和范围

(1)排查方式

隐患排查的方式主要有日常排查、专项排查和定期排查三种。

①日常排查是企业结合日常工作组织开展的经常性隐患排查,排查范围应覆盖日常生产作业环节,日常排查每周应不少于1次。

②专项排查是企业在一定范围、领域组织开展的针对特定隐患的排查,一般包括:根据政府及有关管理部门安全工作专项部署,开展针对性的隐患排查;根据季节性、规律性安全生产条件变化,开展针对性的隐患排查;根据新装备、新技术投入使用对安全生产条件形成的变化,开展针对性的隐患排查;根据安全生产事故情况,开展针对性的隐患排查。

③定期排查是由企业根据生产经营活动特点,组织开展涵盖全部交通运输生产经营领

域、环节的隐患排查。定期排查每半年应不少于1次。

(2)排查范围

隐患排查的范围应包括所有与危险道路运输活动相关的场所、人员、设备设施和活动，包括承包商、供应商等相关方服务范围。

3. 开展排查工作

以专项排查为例，企业组织隐患排查组，根据排查计划到各部门和各所属单位进行全面的排查，专项排查流程及关键点如图6-1所示。排查时必须及时、准确和全面记录排查情况和发现的问题，并随时与被检查单位的人员做好沟通。

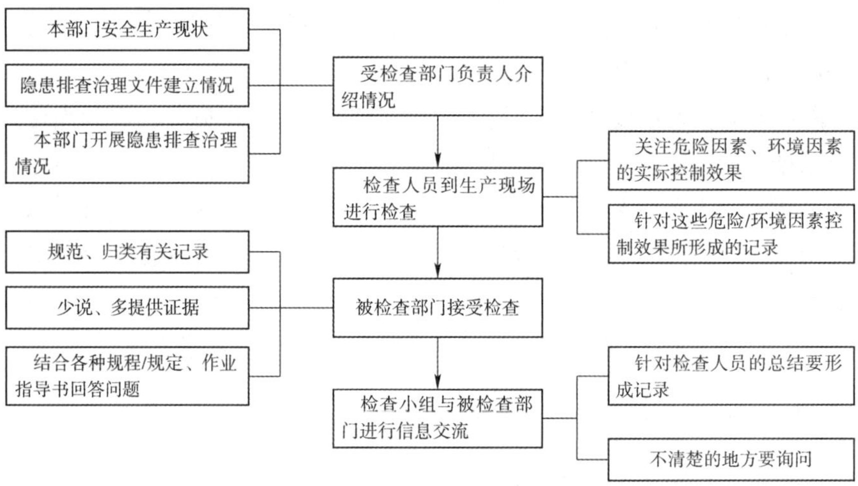

图6-1　专项排查工作流程

4. 建立隐患清单和工作台账

(1)企业对发现或排查出的隐患，应当按照“隐患分级判定指南”，确定隐患等级，进行如实记录，形成隐患清单和工作台账。工作台账应该包括排查对象或范围、时间、人员、安全技术状况、处理意见等内容。

(2)隐患排查工作台账，由直接责任人签字后妥善保存。

5. 分析总结排查结果

排查结果的分析总结的主要内容有：评价本次隐患排查是否覆盖了计划中的范围和相关隐患类别；评价本次隐患排查是否做到了“全面、抽样”的原则，是否做到了重点部门、高风险和重大危险源适当突出的原则；确定本次隐患排查发现的内容，包括确定隐患清单、隐患级别以及分析隐患的分布(包括隐患所在单位和地点的分布、种类)等；做出本次隐患排查治理工作的结论，填写隐患排查治理标准表格；向领导汇报情况；纳入考核和持续改进等内容。

为了确保顺利进行隐患排查治理工作，领导必须责成有关部门以考核手段为基本保障。必须规定上至一把手、下至普通员工以及所有的检查人员的职责、权利和义务，特别是必须明确规定企业中、高层领导在此项工作中的义务与职责。因为，企业的中、高层领导是实施与开展隐患排查治理工作的重要保障力量。

隐患排查治理机制的各个方面都不是一成不变的,也要随着安全生产管理水平的提高而与时俱进。借助安全生产标准化的自评和评审、职业健康安全管理体系的合规性评价、内部审核与认证审核等“外力”的作用,实现企业在隐患排查治理工作的持续改进。

另外,隐患排查治理也为整体安全生产管理提供了持续改进的信息资源。通过对隐患排查治理情况的统计、分析,能够为预测预警输入必要的信息,为管理的改进提供方向性的资料。

六、危险货物道路运输企业隐患排查(判定)举例

危险货物道路运输企业在实际工作中应如何进行隐患排查,以下举例说明。

1. 基本要求

企业应首先根据《暂行办法》第三条“本办法所称安全生产隐患,是生产经营单位违反安全生产法律、法规、规章、标准、规程和安全生产管理制度等规定,或因其他因素在生产经营活动中存在的可能导致安全生产事故发生的人的不安全行为、物的不安全状态、场所的不安全因素和管理上的缺陷”,列出本单位应执行安全生产法律、法规、规章、标准、规程和安全生产管理制度的有关条款。简单地讲,如企业、从业人员违反上述规定,即为隐患。

2. 隐患

鉴于交通运输部还未颁布《危险货物道路运输领域重大隐患分级判定指南》,一般可以认为:①违反国家法律、法规、规章和国家标准、行业标准,为重大隐患;②违反企业内部安全生产规程、安全生产管理制度、操作规程,为一般隐患。

3. 企业要自查自改自报闭环管理

企业根据中共中央国务院《关于推进安全生产领域改革发展的意见》(中发〔2016〕32号,2016年12月18日)关于企业“树立隐患就是事故的观念,建立健全隐患排查治理制度、重大隐患治理情况向负有安全生产监督管理职责的部门和企业职代会‘双报告’制度,实行自查自改自报闭环管理”的要求,对本单位的隐患进行自查。隐患自查(排查),可借鉴表6-1和表6-2的样式,其具体内容还应根据本单位实际情况继续细化。

危险货物道路运输企业应执行的法规　　表6-1

法　规		规　定	执行情况
法律	《安全生产法》	建立、健全安全生产责任制	
		建立、健全安全生产规章制度	
		组织制定本单位安全生产操作规程	
		保证本单位安全生产投入和有效实施	
		组织制定并实施本单位的生产安全事故应急救援预案	
		组织制定并实施本单位安全生产教育和培训计划	
		主要负责人、安全生产管理人员依法经考核合格	
		建立专门的安全管理制度	

续上表

法规		规定	执行情况
法律	《安全生产法》	建立健全生产安全事故隐患排查治理制度	
		为从业人员提供符合国家标准或者行业标准的劳动防护用品	
		必须依法参加工伤保险，为从业人员缴纳保险费	
		生产经营单位与从业人员订立的劳动合同，应当载明有关保障从业人员劳动安全、防止职业危害的事项，以及依法为从业人员办理工伤保险的事项	
	《道路交通安全法》	驾驶人驾驶机动车上道路行驶前，应当对机动车的安全技术性能进行认真检查；不得驾驶安全设施不全或者机件不符合技术标准等具有安全隐患的机动车	
		机动车驾驶人应当遵守道路交通安全法律、法规的规定，按照操作规范安全驾驶、文明驾驶	
		饮酒、服用国家管制的精神药品或者麻醉药品，或者患有妨碍安全驾驶机动车的疾病，或者过度疲劳影响安全驾驶的，不得驾驶机动车	
		任何人不得强迫、指使、纵容驾驶人违反道路交通安全法律、法规和机动车安全驾驶要求驾驶机动车	
		机动车载物应当符合核定的载质量，严禁超载；载物的长、宽、高不得违反装载要求，不得遗洒、飘散载运物	
		机动车运载超限的不可解体的物品，影响交通安全的，应当按照公安机关交通管理部门指定的时间、路线、速度行驶，悬挂明显标志。在公路上运载超限的不可解体的物品，并应当依照《公路法》的规定执行	
		机动车运载爆炸物品、易燃易爆化学物品以及剧毒、放射性等危险物品，应当经公安机关批准后，按指定的时间、路线、速度行驶，悬挂警示标志并采取必要的安全措施	
		禁止货运机动车载客	

续上表

法规		规定	执行情况
法规	《道路交通安全法实施条例》	用于公路营运的重型载货汽车、半挂牵引车应当安装、使用符合国家标准的行驶记录仪	
		机动车载物不得超过机动车行驶证上核定的载质量,装载长度、宽度不得超出车厢	
		载货汽车所牵引挂车的载质量不得超过载货汽车本身的载质量	
		驶机动车不得连续驾驶机动车超过 4 小时未停车休息或者停车休息时间少于 20 分钟	
	《道路运输条例》	货运经营者不得运输法律、行政法规禁止运输的货物	
		货运经营者应当采取必要措施,防止货物脱落、扬撒等	
		运输危险货物应当采取必要措施,防止危险货物燃烧、爆炸、辐射、泄漏等	
		驾驶人员、装卸管理人员、押运人员,有经所在地设区的市级人民政府交通主管部门考试合格,取得上岗资格证,持证上岗	
		运输危险货物应当配备必要的押运人员,保证危险货物处于押运人员的监管之下,并悬挂明显的危险货物运输标志	
		危险货物运输经营者应当分别为危险货物投保承运人责任险	
	《危险化学品安全管理条例》	危险化学品运输车辆应当悬挂或者喷涂符合国家标准要求的警示标志	
		通过道路运输危险化学品的,应当配备押运人员,并保证所运输的危险化学品处于押运人员的监控之下	
		运输危险化学品途中因住宿或者发生影响正常运输的情况,需要较长时间停车的,驾驶人员、押运人员应当采取相应的安全防范措施	
		运输危险化学品,应当根据危险化学品的危险特性采取相应的安全防护措施,并配备必要的防护用品和应急救援器材	
		用于运输危险化学品的槽罐以及其他容器应当封口严密,能够防止危险化学品在运输过程中因温度、湿度或者压力的变化发生渗漏、洒漏;槽罐以及其他容器的溢流和泄压装置应当设置准确、起闭灵活	
		运输危险化学品的驾驶人员、装卸管理人员、押运人员,应当了解所运输的危险化学品的危险特性及其包装物、容器的使用要求和出现危险情况时的应急处置方法	
		未经公安机关批准,运输危险化学品的车辆不得进入危险化学品运输车辆限制通行的区域	

续上表

法规		规定	执行情况
规章	《道路危险货物运输管理规定》	运输剧毒化学品、爆炸品、易制爆危险化学品的，应当配备罐式、厢式专用车辆或者压力容器等专用容器	
		罐式专用车辆的罐体应当经质量检验部门检验合格，且罐体载货后总质量与专用车辆核定载质量相匹配。运输爆炸品、强腐蚀性危险货物的罐式专用车辆的罐体容积不得超过 $20m^3$，运输剧毒化学品的罐式专用车辆的罐体容积不得超过 $10m^3$，但符合国家有关标准的罐式集装箱除外	
		运输剧毒化学品、爆炸品、强腐蚀性危险货物的非罐式专用车辆，核定载质量不得超过10t，但符合国家有关标准的集装箱运输专用车辆除外	
		从事剧毒化学品、爆炸品道路运输的驾驶人员、装卸管理人员、押运人员，应当经考试合格，取得注明为“剧毒化学品运输”或者“爆炸品运输”类别的从业资格证	
		专用车辆应当按照国家标准《道路运输危险货物车辆标志》（GB 13392）的要求悬挂标志	
		专用车辆应当配备符合有关国家标准以及与所载运的危险货物相适应的应急处理器材和安全防护设备	
		道路危险货物运输企业或者单位应当采取必要措施，防止危险货物脱落、扬散、丢失以及燃烧、爆炸、泄漏等	
		随车携带“道路运输危险货物安全卡”	
		危险货物的装卸作业应当遵守安全作业标准、规程和制度，并在装卸管理人员的现场指挥或者监控下进行	

注：执行情况栏，中√为已执行；×为未执行。

危险货物道路运输企业应执行的标准 表6-2

标准	规定		执行情况
国家标准	《道路运输危险货物车辆标志》（GB 13392—2005）	标志灯夜光、标志牌反光	
		标志牌、标志灯根据车辆载质量分为A型、B型、C型	
	《道路运输爆炸品和剧毒化学品车辆安全技术条件》（GB 20300—2006）	车辆应安装符合《道路运输危险货物车辆标志》（GB 13392—2005）要求的标志牌和标志灯	
		在车辆后部应安装安全标识牌。安全标识牌为白底黑字，字迹要求清晰完整，安装在车辆后部。安全标识牌为矩形，尺寸为350mm×175mm	
	《道路运输液体危险货物罐式车辆 第1部分：金属常压罐体技术要求》（GB 18564.1—2006） 《道路运输液体危险货物罐式车辆 第2部分：非金属常压罐体技术要求》（GB 18564.2—2008）	罐车应按“车辆公告”允许的充装介质充装	
		罐体（车）应标志符合《道路运输危险货物车辆标志》（GB 13392—2015）规定	
		罐体（车）标志的其余要求应符合《道路运输爆炸品和剧毒化学品车辆安全技术条件》（GB 20300—2006）规定	

续上表

标准	规　　定		执行情况
行业标准	《汽车运输危险货物规则》(JT 617—2004)	承运人应按照道路运输管理机构核准的经营范围受理危险货物的托运	
		承运人应核实所装运危险货物的收发货地点、时间以及托运人提供的相关单证是否符合规定,并核实货物的品名、编号、规格、数量、件重、包装、标志、安全技术说明书、安全标签、应急措施以及运输要求	
		危险货物装运前应认真检查包装的完好情况,当发现破损、撒漏时,托运人应调换包装或修理加固,否则承运人应拒绝运输	
		发生剧毒、爆炸、放射性物品货损、货差的,应及时向公安部门报告	
		承运人应拒绝运输已有水渍、雨淋痕迹的遇湿易燃物品	
		盛装过危险货物的空容器,未经消除危险处理的、有残留物的,仍按原装有危险货物办理托运	
	《汽车运输、装卸危险货物作业规程》(JT 618—2004)	从业人员身体健康,不得有影响道路运输危险货物安全作业的病状	
		从业人员应了解所运危险货物的特性、包装容器的使用特性、防护要求和发生事故时的应急措施,应熟练掌握消防器材的使用方法	
		从业人员应熟悉应急处理设备、防护用品的使用方法	

注:执行情况栏,√为已执行;×为未执行。

第二节　隐患整改

对隐患排查所发现的各种隐患进行治理,才能真正解决企业生产经营过程中的问题,降低风险,提高安全管理水平。

一、一般隐患整改

危险货物道路运输企业应对排查出的隐患立即组织整改,隐患整改情况应当依法如实记录,并向从业人员通报。在隐患整改过程中,应当采取相应的安全防范措施,防范发生安全生产事故。

对于一般隐患整改,一般采取如下整改方式:

(一)现场整改

有些隐患如明显的违反操作规程和劳动纪律的行为,这属于人的不安全行为的一般隐患，排查人员一旦发现，应当要求立即整改，并如实记录，以备对此类行为统计分析，确定是否为习惯性或群体性隐患。有些设备设施方面的简单的不安全状态，如安全消防设施没有启用、现场混乱等物的不安全状态等一般隐患，也可以要求现场立即整改。

(二)限期整改

有些隐患难以做到立即整改，但也属于一般隐患的，则应限期整改。通常由隐患排查专门机构对隐患所属部门发出“隐患整改通知”，明确列出如隐患的排查的时间、地点、隐患情况、隐患原因、责任认定、隐患整改负责人、整改要求、时间要求等。

限期整改需要全过程监督管理，除对整改结果进行“闭环”确认外，也要在整改工作实施期间进行监督，以发现和解决可能临时出现的问题，防止拖延。

整改完成后，应由企业组织验收，出具整改验收结论，并由验收主要负责人签字确认。

二、重大隐患整改

由于重大隐患整改的复杂性和较长的周期性，危险货物道路运输企业应建立重大隐患专项档案，并规范管理。针对重大隐患，企业需要“量身定做”专项整改方案。在没有完成整改前，还要有临时性的措施和应急措施。整改完成后还要进行专项验收，整改验收通过的，应向相关管理部门报备，并申请销号。

(一)制定重大隐患治理方案

对于重大隐患，企业主要负责人应组织制定并实施重大隐患治理方案。重大隐患治理方案应包括以下内容：

(1)整改的目标和任务；

(2)整改技术方案和整改期的安全保障措施；

(3)经费和物资保障措施；

(4)整改责任部门和人员；

(5)整改时限及节点要求；

(6)应急处置措施；

(7)跟踪督办及验收部门和人员。

此外，《暂行办法》第四十四条规定：“属地负有安全生产监督管理职责的交通运输管理部门对督促检查、社会举报核实发现的未按要求有效开展隐患排查或整改的生产经营单位，应当下达督促整改通知书，明确存在问题和整改要求，责令限期整改”。第四十五条还规定“属地负有安全生产监督管理职责的交通运输管理部门应当按照管辖权限，对管辖范围内发现存在重大隐患的生产经营单位实行挂牌督办”。

根据这些规定，企业在制定专项整改方案时还必须考虑主管部门所下达的督促整改通知书和挂牌督办的有关要求，也要将这些要求体现在治理方案里。

(二)进行专项整改

企业主要负责人及专门机构，应按照责任分工和重大隐患治理方案，督促相关部门和人员对存在的重大隐患进行整改，保证按期完成整改。

（三）进行专项验收

重大隐患整改完成后，企业应委托第三方服务机构或成立隐患整改验收组进行专项验收。企业成立的隐患整改验收组成员应包括企业负责人、安全管理部门负责人、相关业务部门负责人和2名以上相关专业领域具有一定从业经历的专业技术人员。整改验收应根据隐患暴露出的问题，全面评估，出具整改验收结论，并由组长签字确认。

（四）报备申请

重大隐患整改验收通过的，企业应将验收结论向属地负有安全生产监督管理职责的交通运输管理部门报备，并申请销号。报备申请材料包括：

（1）重大隐患基本情况及整改方案；

（2）重大隐患整改过程；

（3）验收机构或验收组基本情况；

（4）验收报告及结论；

（5）下一步改进措施。

（五）后期措施

重大隐患整改验收完成后，企业应对隐患形成原因及整改工作进行分析评估，及时完善相关制度和措施，依据有关规定和制度对相关责任人进行处理，并开展有针对性的培训教育。

三、重大隐患报备

危险货物道路运输企业应按照“及时报备、动态更新、真实准确”的原则，通过公路水路行业安全生产隐患治理信息系统向属地负有安全生产监督管理职责的管理部门及时报备重大隐患信息，负有直接监督管理责任的交通运输管理部门应审查报备信息的完整性。

（一）重大隐患报备内容

重大隐患报备信息应包括以下内容：

（1）隐患名称、类型类别、所属生产经营单位及所在行政区划、属地负有安全生产监督管理职责的管理部门；

（2）隐患现状描述及产生原因；

（3）可能导致发生的安全生产事故及后果；

（4）整改方案或已经采取的治理措施、治理效果和可能存在的遗留问题；

（5）隐患整改验收情况、责任人处理结果；

（6）整改期间发生安全生产事故的，还应报送事故及处理结果等信息。

（二）重大隐患报备方式

重大隐患报备包括首次报备、定期报备和不定期报备三种方式。

（1）首次报备：应在重大隐患确定后5个工作日内报备进行报备；

（2）定期报备：主要报送重大隐患整改的进展情况，应在每季度结束后次月前10个工作日内报备；

（3）不定期报备：当重大隐患状态发生新的重大变化时，应及时报备相关情况，应在重大隐患状态发生重大变化后5个工作日内进行报备。

四、闭环管理

“闭环管理”是现代安全生产管理中的基本要求，对任何一个过程的管理最终都要通过“闭环”才能最后结束。隐患治理工作的收尾工作也是“闭环”管理，要求治理措施完成后，企业主管部门和人员对其结果进行验证和效果评估。验证就是检查措施的实现情况，是否按方案和计划的要求一一落实；效果评估是对完成的措施是否起到了隐患治理和整改的作用，是彻底解决了问题还是部分的、达到某种可接受程度的解决，是否真正能做到“预防为主”。当然不可忽略的还有是否隐患的治理措施会带来或产生新的风险，也需要特别关注。

第三节　隐患排查治理统计分析与上报

《隐患排查治理暂行规定》第十四条规定：“生产经营单位应当每季、每年对本单位事故隐患排查治理情况进行统计分析，并分别于下一季度15日前和下一年1月31日前向安全监管监察部门和有关部门报送书面统计分析表。统计分析表应当由生产经营单位主要负责人签字。”

《暂行办法》第二十六条规定：“生产经营单位应当根据生产经营活动特点，定期组织对本单位隐患治理情况进行统计分析，及时梳理、发现安全生产苗头性问题和规律，形成统计分析报告，持续改进安全生产工作。”

按照要求，危险货物道路运输企业应当定期将事故隐患排查治理统计分析结果上报给政府主管部门，将政府部门的监管与企业生产经过的实际联系在一起，这是隐患排查治理体系的重要环节，必须给予足够的重视。

一、自报的内容

企业开展隐患排查治理工作，包含了很多内容，有机制的、管理的、技术的、记录的、设备设施的，等等，自报并不是要求企业将这些内容都上报，而是按规定的内容、方式、时限等要求进行上报。

企业隐患排查治理工作依据的是其所适用的政府部门颁布的隐患排查治理标准和企业自己细化的标准以及规章制度、操作规程和企业内部标准等，这就产生了两种依据在格式和内容上的不一致性。从所覆盖的范围和细致程度上看，企业的各项规定要远远多于政府部门制定的隐患排查治理标准；从格式上看，隐患排查治理标准是以表格的形式存在的，与企业的各项内部要求不会完全相同。因此要从内容和格式上进行一个“对接”工作。

“对接”并不是要企业修改自己的各项规定去完全适应标准的格式，而是在上报工作环节中，将自己的各项规定去对照寻找标准中的内容，在填报时将实际隐患情况按标准的格式填报到相应的部分里去即可。随着工作的逐步深化和细化，最终形成按标准和企业规定开展排查工作，按标准规定的隐患类别填报的局面，两者同时存在，并又相互“对接”。

“对接”后的自报工作中，对于那些比较稳定和较长时间内不发生显著变化的隐患类别，如基础管理类的隐患，就可以在日常自报中不再重复填报；对于能够经常排查出的现场型的隐患，则需要如实和及时地填报。当然如果企业的基础管理或现场管理发生了变更，则需要重点填报。

二、自报的方式

隐患排查治理信息系统中对隐患自报的信息管理做了说明，但企业的类型、规模和管理等方面有着千差万别的情况，所以其所采用的自报方式也不尽相同。

1. 自报的程序

无论企业规模大小，还是行业不同或者管理方式有异，其隐患自报的程度大体上是相同的，主要有以下几个步骤：

(1)统计。将各种方式的隐患排查工作所发现的隐患进行汇总、统计和整理，得到隐患清单，形成隐患整改通知，将这些集合为一套完整的材料。

(2)“对接”分类。按隐患排查治理标准的格式，将企业的隐患材料按其顺序分门别类地“对接”入位，每个隐患都给予适当的标识。

(3)审查批准。根据管理层级和权限，由有关领导对隐患上报的内容进行审阅，批准后方能上报。

(4)上报。根据企业实际，采取相应的上报方式，按政府及其部门规定的时间和形式进行上报。

2. 基于信息系统自报

有条件的企业，要将自己的信息管理系统与政府隐患信息管理系统进行接口，定期接通上报网络，按信息管理系统的提示和要求进行填报。

大型集团型企业需要在集团内部层层上报下属单位的隐患情况，方式与隐患排查治理标准的格式相同；进行汇总整理后，将整体情况以总结的方式向有关主管部门上报。其下属单位的隐患上报仍按属地监管原则向有关政府部门报送。

3. 小型企业自报

很多小型企业(如，具有危险货物道路运输辆车的企业)不具备基于信息管理系统上报的条件，可以采用书面上报的形式，因为这些企业存在的隐患数量也比较少，风险不是很高，因此书面上报也是可以接受的。但这会给企业所在地的政府及其部门接收书面隐患上报材料带来巨大的工作量，从各地经验来看，由基层政府组织直接上报更加有效。具体做法是基层安全生产监督管理人员直接到企业中，收集和书面记录小型企业的隐患情况，形成标准的记录格式，并整理汇总后向上一级管理部门报送。这样既可以减少小型企业的负担，也保证了隐患上报的工作质量。

相关思考

1. 企业负责人要重视隐患排查治理，避免查而不治；
2. 组建一个专业的事故隐患评估小组；
3. 全员参与隐患排查治理，奖惩分明；
4. 唯有形成长效管理机制才会有实质成效。

第七章　危险货物道路运输企业隐患排查治理

第一节　重大隐患挂牌督办

《暂行办法》规定,属地负有安全生产监督管理职责的交通运输管理部门应当按照管辖权限,对管辖范围内发现存在重大隐患的生产经营单位实行挂牌督办。上级交通运输管理部门发现的重大隐患,应当对下一级交通运输管理部门挂牌督办,要求属地负有安全生产监督管理职责的交通运输管理部门督促生产经营单位按要求进行整改。

一、权利与义务

根据《交通运输安全生产挂牌督办办法》(交安监发〔2013〕470号)规定,挂牌督办单位和被挂牌督办单位拥有如下权利和义务:

(一)挂牌督办单位权利与义务

一是跟踪整改进展情况。为了掌握被挂牌督办单位整改工作进展情况,及时发现被挂牌督办单位整改工作中存在的问题,挂牌督办单位应当跟踪被挂牌督办单位整改情况,即挂牌督办单位应当通过走访、监督检查等方式跟踪掌握被挂牌督办单位的整改情况。二是指导、督促整改工作。在实际整改工作中,被挂牌督办单位可能会遇到各种难题影响整改工作,甚至造成整改进度缓慢、整改标准偏低等情况。为及时帮助被挂牌单位研究解决遇到的突出问题,督促其加大整改工作力度,确保其按整改方案如期完成整改,挂牌督办单位要指导、督促被挂牌单位按要求完成整改。

(二)被挂牌督办单位权利与义务

一是按整改方案开展整改的义务。整改方案是被挂牌督办单位按照挂牌通知书要求制定的整改工作计划,并且已报挂牌督办单位备案,被挂牌督办单位有义务按照整改方案开展整改,确保整改工作有计划、有步骤的按期完成。二是接受监督检查的义务。列入挂牌督办的事项,均是对安全生产具有严重影响的隐患或问题,若未及时采取措施整改或加以控制,将会严重危及交通运输安全生产。为有效防范事故发生,被挂牌督办单位在整改过程中,要接受挂牌督办单位的监督检查,确保各项整改措施落实到位。三是对非自身原因不能完成整改时有说明的权利。交通运输安全生产涉及面广、影响因素众多,被挂牌督办单位在整改过程中可能会因为上级重大政策调整、极端灾害性天气等非自身原因导致不能按期完成整改。为了免除因被挂牌督办单位非自身原因不能完成整改而受到处罚,被挂牌督办单位非自身原因不能按期完成整改的,应当向挂牌督办单位说明原因,同时为了强化事故防控,要求被挂牌督办单位应当制定安全防范保障措施和相应的应急预案，并报挂牌督办单位。

二、挂牌督办程序

根据《交通运输安全生产挂牌督办办法》及《公路水路行业安全生产隐患治理暂行办法》有关规定，挂牌督办程序如下：

（一）核实挂牌督办信息

该环节包含两项内容：一是核实有关信息的真实性、准确性；二是评估该事项的严重程度，确定是否应纳入本级挂牌督办范围或报送上级部门挂牌督办。

（二）送达挂牌督办通知书

挂牌督办通知书是由挂牌督办单位向被挂牌督办单位传递相关信息的重要文件，是督促被挂牌单位开展整改工作的依据。为确保被挂牌督办单位认识到存在的问题、明确整改要求，《交通运输安全生产挂牌督办办法》（以下简称《督办办法》）规定，挂牌督办单位应向被挂牌督办单位下发挂牌督办通知书，并在挂牌督办通知书中载明事故或安全隐患及管理问题的名称、被挂牌督办单位名称、督办内容、整改要求、办理时限、核销程序等内容。

（三）督促整改

一是被挂牌督办单位要按照挂牌督办通知书的有关要求，及时制定整改方案，并报送挂牌督办单位备案。二是被挂牌督办单位要在挂牌督办单位的指导下，根据整改方案，按时、高质量完成整改工作。三是完成整改后，被挂牌督办单位要向挂牌督办单位提交整改报告。其中，"整改方案"作为被挂牌督办单位向挂牌督办单位做出的整改承诺，是挂牌督办的重要组成内容。为确保"整改方案"内容规范、完整，《督办办法》规定"整改方案"应包括目标和任务，责任部门和责任人，整改措施、时间和应急预案，人员、经费和物资保障等方面的具体内容。

（四）核销

核销是挂牌督办单位对隐患或问题整改情况的认可。属地负有安全生产监督管理职责的交通运输管理部门在接到生产经营单位重大隐患销号申请后，应在 5 个工作日内对验收结论及验收程序予以形式确认，并对形式确认通过的予以销号。对经评估未达到挂牌督办通知书整改要求的，不予销号，并对被挂牌督办单位说明不予核销的理由，指出其仍存在的问题，责令其继续开展整改工作。

对未按要求进行整改或经 2 次整改仍不符合安全生产要求的被挂牌督办单位，应视情给予通报批评、安全生产约谈、列入安全生产重点监管名单等惩戒。

第二节　危险货物道路运输隐患排查治理典型案例

一、晋济高速公路山西晋城岩后隧道内车辆追尾甲醇泄漏导致的燃爆伤亡事故

2014 年 3 月 1 日 14 时 45 分许，位于山西省晋城市泽州县的晋济高速公路山西晋城段

岩后隧道内，两辆运输甲醇的铰接列车追尾相撞，前车甲醇泄漏起火燃烧，隧道内滞留的另外两辆危险化学品运输车和31辆煤炭运输车等车辆被引燃引爆，造成40人死亡、12人受伤和42辆车烧毁，直接经济损失8197万元。

（一）事故经过

3月1日14时43分许，由汤某驾驶、冯某押运的河南牌照挂铰接列车（事发时位于前方，以下简称前车），装载29.66t甲醇运往洛阳，在沿晋济高速公路由北向南行驶至岩后隧道右洞入口以北约100m处时，发现右侧车道上有运煤车辆排队等候，遂从右侧车道变道至左侧车道进入岩后隧道，行驶了40余米后，停在皖BTZ110号轻型厢式货车后。14时45分许，由李某驾驶、牛某押运的山西牌照挂铰接列车（事发时位于后方，以下简称后车），装载29.14t甲醇运往河南省博爱县，在沿晋济高速公路由北向南行驶至岩后隧道右洞入口以北约100m处时，看到右侧车道上有运煤车辆排队缓慢通行，但左侧车道内至隧道口前没有车辆，遂从右侧车道变至左侧车道。驶入岩后隧道后，突然发现前方5～6m处停有前车。李某虽采取紧急制动措施，但仍与前车追尾。碰撞致使后车前部与前车尾部铰合在一起，造成前车尾部的防撞设施及卸料管断裂、甲醇泄漏，后车前脸损坏。

两车追尾碰撞后，前车押运员冯某从右侧车门下车，由车前部绕到车身左侧尾部观察，发现甲醇泄漏。为关闭主卸料管根部球阀，冯某要求汤某向前移动车辆。该车向前移动1.18m后停住，汤某下车走到车身左侧罐体中部时，冯某发现地面泄漏的甲醇起火燃烧。甲醇形成流淌火迅速引燃了两辆事故车辆和附近的4辆运煤车、货车及面包车，由于事发时受气象和地势影响，隧道内气流由北向南，且隧道南高北低，高差达17.3m，形成"烟囱效应"，甲醇和车辆燃烧产生的高温有毒烟气迅速向隧道内南出口蔓延。经专家计算，第一起火点着火后，8min后烟气即可充满整个隧道；起火后10min，距离第一起火点184m的5辆运煤车起火燃烧，形成第二起火点；随后距离第二起火点40m的其他车辆也开始燃烧。

发现着火后，后车驾驶人员李某、押运员牛某从隧道北口跑出，前车驾驶人员汤某、押运员冯某跑向隧道南口，并警示前方车辆驾乘人员后方起火。当时隧道内共有87人，部分人员在发现烟、火后驾车或弃车逃生，48人成功逃出（其中1人因伤势过重经抢救无效死亡）。17时5分许，距离南出口约100m的1辆装载二甲醚的山东牌照挂铰接列车罐体受热超压爆炸解体。事故导致滞留隧道内的42辆车辆全部烧毁，隧道受损严重。

3月1日14时50分，晋城消防支队指挥中心接警后，先后调派7个公安消防中队、9个专职消防队共400名官兵、44辆消防车赶赴现场，山西省消防总队调集相邻的长治、临汾两市消防支队共29名官兵、5辆消防车到场增援。15时15分，城区中队在高速公路交警引导下首先到达隧道北口。此时隧道北口有车辆猛烈燃烧，地面形成流淌火；位于下风方向的隧道南口有大量黑色浓烟涌出，浓烟已感到烫手。根据现场情况，由晋城市政府及其有关部门组成的现场指挥部决定全力扑救隧道北口火灾，继续对后车罐体实施冷却，在出口处组织停留人员疏散，并协调环保部门对现场环境及可燃有毒气体进行实时监测。18时许，隧道北口处火灾被彻底扑灭。3月2日零时10分，现场指挥部决定组成攻坚组从人行横洞进入隧道，分别向隧道南、北两侧梯次进攻灭火。3 时 30 分，后车罐体内甲醇导出转移；9 时 30 分，人行横洞以北隧道内大火被基本扑灭；3 月 3 日 18 时，隧道内大火被全部扑灭。

事故发生后，山西省公安厅组织开展遇难人员数量和身份核定工作。先后在隧道内搜寻到 12 具遗骸，并对隧道内清理出的 42 辆车辆残骸、1000 余吨煤炭及其他残留物进行反复筛查，提取检材。公安机关于 3 月 11 日，确认这起事故死亡和失踪人数已超过 30 人，为特别重大事故。截至 3 月 17 日，最终确认在这起事故中有 40 人遇难，并对遇难者身份全部予以确认。

（二）隐患分析

根据事故调查报告显示，该事故暴露出来的隐患有：

（1）车辆在进入隧道口前变更车道。隧道口往往是事故的高发地段，由于隧道内路面比较窄，加上隧道内外明暗程度差别大，进入隧道瞬间容易产生视觉盲区，导致追尾事故发生，因此在隧道口入口处和隧道内应禁止变更车道或超速行驶。该事故中的后车在隧道口外 100m 处变更车道进入左侧车道，由于盲区效应，驾驶人员进入隧道后没有提前发现前车，虽然采取了紧急制动措施，但仍与前车追尾。

（2）晋城某物流公司在企业安全管理上存在隐患。应急预案编制和应急演练不符合规定要求；没有按照设计充装介质；从业人员安全培训教育制度不落实，驾驶人员和押运员习惯性违章操作，罐体底部卸料管根部球阀长期处于开启状态。

（3）孟州市某汽车运输公司在企业安全管理上存在隐患。存在“以包代管”问题；没有按照设计充装介质；驾驶人员和押运员习惯性违章操作，罐体底部卸料管根部球阀长期处于开启状态。

（4）湖北某车辆制造公司生产销售的半挂车（山西牌照）的罐体未安装紧急切断阀，不符合相关标准的规定，属于不合格产品。河北某专用汽车公司生产销售的半挂车（河南牌照）的两罐体之间未安装紧急切断阀，不符合《道路运输液体危险货物罐式车辆　第 1 部分：金属常压罐体技术要求》（GB 18564.1—2006）标准的规定，属于不合格产品。车辆未经过检验机构检验销售出厂，不符合《危险化学品安全管理条例》的规定。

二、荣乌高速公路山东省烟台市“1·16”重大道路交通事故案例

2015 年 1 月 16 日，在山东省烟台市发生的道路交通事故，是典型的因危险货物运输车辆发生碰撞，导致运输物品泄漏、车辆燃烧引发的重大道路交通事故。

（一）事故经过

1 月 16 日 17 时 53 分，驾驶人员曹某驾驶小型面包车行驶至荣乌高速公路山东省烟台市莱州服务区附近饮马池大桥时，因桥面结冰路滑引发车辆失控碰撞中央隔离护栏后停车，后方驶来的一辆运输汽油的罐式车辆（核载 24.24m^3、实载 30m^3）、一辆大型客车以及一辆小型越野车相继发生碰撞，导致罐式车辆发生泄漏并起火燃烧，造成 12 人死亡、6 人受伤。罐式车辆驾驶人员、押运员以危险物品肇事罪被依法追究刑事责任，罐式车辆所属道路运输

企业安全生产管理负责人也被依法追究了相应法律责任。

(二)隐患分析

(1)行车环境存在不安全因素。该事故发生时正处于隆冬季节,路面结冰湿滑,存在不安全因素。《中华人民共和国道路交通安全法实施条例》第八十条规定,机动车在高速公路上行驶,车速超过100km/h时,应当与同车道前车保持100m以上的距离,车速低于100km/h时,与同车道前车最小距离不得少于50m。大型客车未能与前方的危险货物运输车辆保持安全车距,且大客车的驾驶人员应急操作不当,造成追尾碰撞事故,引发客车燃烧,这是造成事故的重要原因。

(2)罐式车辆存在不安全状态。罐式车辆在运输过程中没有闭合紧急切断装置,导致发生碰撞事故后运输的危险物品泄漏、燃烧,最终导致本起事故的严重后果。根据《道路运输液体危险货物罐式车辆紧急切断阀》(QC/T 932—2012)要求,在运输过程中紧急切断阀应处于关闭状态,而该罐式车辆在运输过程中没有闭合紧急切断装置,属于明显的安全隐患。

(3)罐式车辆所属道路运输企业安全管理存在缺陷。该运输企业未对该车辆进行严格管理,允许该车辆超载运行,且存在"大罐小标"问题,标定载体积为24.24m^3,实际载体积为30m^3。企业未对驾驶人员、押运人员进行严格管理,押运人员在上岗前未进行相关培训。《道路危险货物运输管理规定》第四十二条规定,严禁专用车辆违反国家有关规定超载、超限运输,道路危险货物运输企业使用罐式专用车辆运输货物时,罐体载货后的总质量应当和专用车辆核定载质量相匹配。此外,第四十六条明确规定,道路危险货物运输企业或者单位应当通过岗前培训、例会、定期学习等方式,对从业人员进行经常性安全生产、职业道德、业务知识和操作规程的教育培训。

三、运送黄磷途中转向过急导致箱板脱落引起的燃烧事故

2002年9月19日深夜1时左右,湖北某化工集团公司汽运公司的一辆东风汽车,在运送45桶黄磷的途中发生箱板脱落,致使黄磷自燃而引起燃烧,造成直接经济损失约4万元。

(一)事故经过

9月19日深夜1时左右,湖北某化工集团公司汽运公司的一辆东风汽车,由驾驶人员李某驾驶,满载45桶黄磷,由宜昌方向行驶至宣秭线嘲天吼电站附近时,为避让横穿公路行人紧急制动,因车速较快,加上转向过急,使右侧车厢板脱落,造成18桶黄磷散落到车外,并造成1名行人前额受伤。事故发生后,李某立即拦车将伤员送往医院进行抢救,并与汽运公司取得联系,公司随即派人前往事故地点,因没有对散落黄磷进行仔细查看,而是急于前往医院,致使一黄磷桶因落地时被撞破,桶内的水流尽后于3时左右发生黄磷自燃,引起大火。当地百姓报警后,当地消防大队迅速出动,于7时30分左右将大火扑灭。该事故造成黄磷损失达3.86t,18个包装桶报废,车辆严重受损,直接经济损失约4万元。

(二)隐患分析

根据事故调查报告,这起事故暴露出来三个安全隐患:

(1)造成这起事故的直接原因是运送黄磷的东风汽车夜间行驶时速度较快，遇到情况处理不及。根据《汽车运输、装卸危险货物作业规程》(JT 618—2004)，运输危险货物车辆在一般道路上最高车速为60km/h，在高速公路上最高车速为80km/h，如遇雨天、雾天等恶劣天气，最高车速为20km/h。此外，根据有关规定，车辆夜间行驶速度一般不得超过日间限速的80%。如果超速行驶，就属于事故隐患。危险货物道路运输企业要加强对驾驶人员的警示教育和动态监控，坚决杜绝超速驾驶行为。

(2)驾驶人员李某为了避让横穿公路的行人，应急措施明显不当，猛力拧转向盘，使车辆转向过急，导致车厢板脱落，并且很容易翻车，导致更严重的事故，这是典型的事故隐患。《道路客货运输驾驶人员行车操作规范》要求，车辆遇前方有障碍物时，应按照以下要求进行应急处置：一是要握稳转向盘，立即减速。二是待车速明显降低后，转动转向盘绕过障碍物；转动转向盘的幅度不应过大，转动速度不应过猛。三是车辆重心较高或车速较高时，不得采取紧急转向避让措施。

(3)事故发生后，对于驾驶人员和事故救援人员而言，其主要任务一是救人，二是对散落的黄磷进行应急处置，防止黄磷自燃起火。现场人员明显忽视了第二项工作，没有对事故现场的黄磷桶进行细致的检查，也缺乏对黄磷化学危险性的了解，最终导致黄磷自燃。黄磷是一种危险化学品，其自燃点为34～35℃，必须放在水中保存，否则就会自燃起火。《道路危险货物运输管理规定》第四十五条规定，道路危险货物运输从业人员必须了解所装运危险货物的性质、危害特性、包装物或者容器的使用要求和发生意外事故时的处置措施。黄磷属于危险货物，从事黄磷运输工作，驾驶人员和应急救援人员如果不了解黄磷的危险特性和应急处置措施，就属于人事故隐患，容易造成事故发生。

四、疲劳驾驶导致载有7t溶剂油的油罐车侧翻泄漏事故

2002年9月13日1时，山东省某化工企业一辆载有7t溶剂油的油罐车，行驶中发生侧翻事故，溶剂油大量外漏，由于救援及时，未造成人员伤亡事故。

(一)事故经过

9月13日1时，山东省某化工企业驾驶人员李某，驾驶一辆载有7t溶剂油的油罐车，运送到货主单位。当行驶到日照市岚山省道上，由于下雨路滑，加之李某夜间行车疲劳驾驶，遇到突然情况处理不当，造成油罐车发生侧翻，装载的溶剂油通过呼吸阀和安全阀大量外漏。由于溶剂油自身的化学特性，溶剂蒸汽遇明火、高热极易燃烧和爆炸，因此泄漏的溶剂油随时都有爆炸的危险，情况十分危急。岚山公安消防中队接警后迅速出动，进行抢险救援。到达现场后，消防官兵在交警、110干警的协助下，首先划定了危险保护范围，对事故点附近的道路交通实行了管制，切断了事故点附近的明火危险源。接着，消防官兵利用特勤器材进行破拆、堵漏。经过近1小时的奋战，将驾驶室的被困人员救出，并且成功对泄漏点进行了彻底封堵。利用水枪将泄漏的溶剂油和油蒸汽进行稀释，防止了燃烧爆炸事故的发生。

据了解，当时泄漏的溶剂油主要成分为正己烷、环己烷等化学物质，为无色液体，不溶于

水,容易积聚在低凹处的地沟、地坑里,溶剂蒸汽遇明火、高热极易燃烧和爆炸。其蒸汽比空气重,能在较低处扩散到相当远的地方,遇火源会着火、回燃。

(二)隐患分析

事故发生后,经事故调查分析,这起事故凸显了三个隐患:

(1)驾驶人员连续长时间疲劳驾驶,精力不集中。疲劳驾驶是突出的事故隐患,是产生重特大交通事故的主要原因。根据《汽车运输、装卸危险货物作业规程》(JT 618—2004)规定,驾驶人员一次连续驾驶4小时应休息20分钟以上,24小时内实际驾驶车辆时间累计不得超过8小时。

(2)雨天行车路面湿滑。下雨天会阻碍视线,路面湿滑,易导致方向制动失控,给行车安全带来了隐患。《中华人民共和国道路交通安全法实施条例》第八十一条规定,机动车在高速公路上行驶,遇有雾、雨、雪、沙尘、冰雹等低能见度气象条件时,应当遵守下列规定:能见度小于200m时,开启雾灯、近光灯、示廓灯和前后位灯,车速不得超过60km/h,与同车道前车保持100m以上的距离;能见度小于100m时,开启雾灯、近光灯、示廓灯、前后位灯和危险报警闪光灯,车速不得超过40km/h,与同车道前车保持50m以上的距离;能见度小于50m时,开启雾灯、近光灯、示廓灯、前后位灯和危险报警闪光灯,车速不得超过20km/h,并从最近的出口尽快驶离高速公路。对于危险货物运输车辆而言,在雨天行车一定保持足够安全距离,适当加大安全距离。

(3)驾驶人员遇到情况处理措施不当,导致车辆侧翻。在干燥路面驾驶,车速提高车轮与路面间的附着力几乎没有变化。而雨天当车辆在潮湿路上行驶,车轮的附着力则随车速的增加而急剧变小,很容易发生"水滑"现象,此时,驾驶人员不要急踩制动踏板或猛打转向盘,否则极易导致翻车。《道路客货运输驾驶人员行车操作规范》要求,雨天、冰雪天气行车时,在转向时要缓转转向盘,不要紧急转向。

五、运送电石卡车途中遇雨遮盖不严起火燃烧事故

2004年1月16日上午,山西省某化工公司一辆装有20t电石的卡车,在运送途中遇雨突然起火燃烧,因抢救及时,未造成人员伤亡。

(一)事故经过

1月16日上午,山西省某化工公司一辆装有20t电石的卡车,赶往江苏省无锡市某企业。进入江苏省境内后开始遇雨,上午11时,运货卡车开进位于无锡市锡澄路的某企业,当驾驶人员打开遮盖布时,一团火苗突然蹿出,驾驶人员见状连忙把卡车开到厂外,停稳在厂门后立即把车头卸下开走。整车电石在雨中燃烧,火势较大阵阵浓烟冲天而上,弥漫在阴雨连绵的空中。消防人员接到报警后,到达事故现场利用水泥和砂土对电石进行遮盖,使卡车处于稳定燃烧中,不至于引起更大的爆炸。由于驾驶人员和消防人员处理及时,未造成人员伤亡。

(二)隐患分析

事故调查显示,存在的主要隐患为:

(1)该车辆遮盖棚布破损,导致电石遮盖不严,驾驶人员和押运人员在运输过程中没能认真停车检查和发现问题,遇到下雨渗漏后导致自燃事故。电石属于危险化学品,遇水、遇湿后极易产生乙炔气体,而乙炔气体又极易引起燃烧和爆炸。《汽车运输危险货物规则》(JT 617—2004)规定,运输危险货物应根据货物性质,采取相应的遮阳、控温、防火、防水、防潮等措施,而且驾驶人员和押运人员在运输途中应经常检查货物装载情况,发现问题及时采取措施。因此在运输电石时,必须做好防水、防潮工作,预防雨水渗漏引起火灾和爆炸。

(2)根据《汽车运输、装卸危险货物作业规程》(JT 618—2004)规定,运输遇湿易燃物品,应采取有效的放水、防潮措施,雨雪天气运输遇湿易燃物品,应保证防雨雪、防潮湿措施切实有效。遇湿易燃物品不宜在潮湿的环境下装卸。该车驶入江苏省内后开始遇到下雨,按规定应及时停车检查防水棚布是否漏水问题,也未采取有效的防水、防潮措施,而是冒雨行驶,属于典型的事故隐患。

六、小结

由于危险货物具有易燃、易爆、有毒和具有腐蚀性的特点,运输过程中如果受热、遇到明火、碰撞、振动、摩擦等,存在爆炸、火灾、中毒、辐射等重大事故风险。运输危险货物的车辆仿佛“流动的定时炸弹”,如果存在的隐患不引起企业重视,不及时采取措施加以整改和消除,就可能引起事故发生。

危险货物运输过程中应着重注意以下几方面:

(1)装运危险货物应有固定的车辆和专业驾驶人员、押运员、装卸工,驾驶证、押运证、准运证等所需证件要齐全;要按照指定的路线行驶,不能随意变更行驶路线,不得在繁华闹市中行驶和停靠。

(2)要做好危险货物装运车辆的日常维护、检测,严禁故障车辆投入营运。保证车辆状况符合安全要求,尤其是安全防护装置必须保持良好性能,做到有遮阳、防雨、防散失设备或用具,排气管要安装有效的隔热和熄灭火星的装置,电路系统应有切断总电源和隔离电火花的装置,车身上应有明显的标识。

(3)运输易燃易爆危险货物的车辆,在装载其他危险货物之前,必须彻底清扫和洗刷。清洗时要选择安全的区域,严禁明火,使用安全的洗刷工具,残渣残液和废水不得随意排放,要安全妥善处理。

(4)危险货物装载前应严格检查运输车辆,特别是要检查各种容器的腐蚀情况,核查卸压阀、紧急切断装置、遮阳物及消静电等装置是否正常。不得装运包装不牢、破损或品名标签、标志不明显的易燃、易爆、剧毒危险货物和不符合安全要求的罐体及没有瓶盖的气体钢瓶等。

(5)危险货物装卸场地必须平坦畅通,夜间装载条件要良好,严禁野蛮装卸。装卸危险货物时,车辆发动机应熄火,装卸作业人员应配备专业的防护用品,并按照货物的装卸要求作业,轻装轻卸。吊装设备必须牢靠,防止拖拉、滚翻、振动、摔倒、重压、摩擦等。

第三节 危险货物道路运输隐患治理典型经验介绍

一、大连某石化公司运输公司强化管理职能确保车辆运输安全的做法

大连某石化公司下属运输公司现有各种机动车辆595台,驾驶人员600余名,主要承担各种货运输、场内运输任务。运输公司把车辆管理和驾驶人员队伍建设作为隐患管理工作的首要任务,主要采取了如下措施:

(一)抓好驾驶人员队伍建设和管理

1. 抓教育,提高安全意识

对驾驶人员的安全教育历年来都作为首要工作,驾驶人员每月两次安全活动为法定时间,人人都要参加;利用安全活动时间对驾驶人员进行安全行车教育、职业道德教育、交通法规学习,努力提高驾驶人员的整体素质;同时还结合一些典型的事故案例,吸取教训,举一反三,提高驾驶人员水平。除此以外,还进行一些有针对性的特殊教育,如冬季雨、雪天气的行车教育,高速公路行车教育,事故现场教育等。每年年初,公司还要求每个驾驶人员签订一份交通安全保证书。通过这些形式的教育,逐步提高了驾驶人员的安全行车经验,提高了驾驶人员遵章守法的自觉性,为交通运输安全打下基础。

2. 抓练兵,提高技术素质

目前公司的新驾驶人员比较多,这部分人的技术水平比较低,为提高他们的技术素质,分批对他们进行技术培训,通过培训,来提高他们的技术水平,特别是安全驾驶的水平。2002年以来,公司配合地方交通、消防管理部门,组织货运驾驶人员从业资格培训、驾驶人员职业技能培训及危险品驾驶人员消防安全培训培训班三期,培训驾驶人员520余人次,收到了较好的效果。为提高全体驾驶人员岗位练兵、学习专业技术的积极性,公司每年第四季度都组织一次全体驾驶人员参加的技术大比武活动。经各基层单位的层层选拔,选出十名优胜者参加公司级大比武,最后评出技术状元一名,奖励1000元;技术标兵2名,各奖励500元;技术能手3名,各奖励200元。在这些活动中,广大驾驶人员都能积极地报名参加,调动了学习技术的热情。

3. 抓考核,合理使用驾驶人员

对全公司的驾驶人员,实行了"综合考核,统一管理,分类使用"的措施。为全公司600余名驾驶人员建立了档案,对技术素质、违章情况、事故情况等均记录在案,实行动态管理。根据其综合情况分为三类:第一类是放心驾驶人员,他们可以从事长途及危险品货物运输,可以驾驶大型客车以及从事一些比较重要的工作;第二类是一般驾驶人员,这些人可以从事普通货物运输;第三类为重点驾驶人员,由于这些人的驾驶水平所限,实行控制使用,给他

们指定行驶范围和行驶时间，经常进行一些技术指导，对因生理和技术原因不适于驾驶工作的，坚决调离驾驶人员岗位。如公司有位驾驶人员几年中因为同一种原因，几次发生同一种性质的交通事故，虽然限制在一定范围使用，但仍不能保证安全行车，为确保交通运输安全，认定此人不能继续驾车，就应当机立断调离驾驶岗位，取消其驾车资格，另行安排工作。

4. 坚持考核、培训、放开原则，加强对新驾驶人员的管理

对新启用驾驶人员的使用，必须在履行审批程序的基础上，坚持“一考、二训、三放开”的原则。“一考”就是对所有新启用驾驶人员不管是在部队或地方取得的驾驶证，必须经公司运输安全管理部门组织进行逐项考核，达不到标准的不允许使用；“二训”就是对达到了上岗条件的驾驶人员，必须进行为期三个月的“以运代训”，选择有经验的老驾驶人员作陪教，培训期满须再次考核合格后方能独立驾驶；“三放开”就是对考核合格的驾驶人员在上岗时，指定驾车行驶范围，先“厂内后厂外，先近后远”逐步放开。由于采取了以上做法，三年来在新启用的驾驶人员中未发生一起交通事故，既保证了交通安全，也圆满完成了各项生产任务。

5. 抓纪律，提高遵章守纪自觉性

为了最大限度地减少非生产用车，降低事故概率，杜绝出私车现象，公司各二级单位都制定了办公用车管理制度，由专人负责车辆安排。各有车单位均建立出车台账，每次出车都要填写出车单（证），公司运输管理部门还经常到各单位检查执行情况。除此以外，还不定期到路面检查出车纪律，凡无出车单（证）的视为出私车，对驾驶人员按出私车进行处理。同时对节日出勤车辆进行严格控制。节日放假期间，确因工作需要出勤的车辆，首先由用车单位提出申请，公司运输管理部门根据生产的实际情况审批；对与生产无关的车辆，则坚决不准出车，确实需要的办公用车也尽量压缩到最低限度。另外，对节日出勤的车辆进行严格检查，对驾驶人员进行安全教育，绝不允许节日期间利用公车走亲访友，特别是驾驶人员绝对不能酒后驾车。公司还制定了“出私车处罚规定”，对于出私车的驾驶人员，一经发现吊扣驾驶证三个月，如果发生交通事故除吊销驾驶证外，还要赔偿全部经济损失。

（二）强化车辆管理

车辆状况好与坏直接影响行车安全，抓好车辆状况的检验和车辆更新是交通管理的重要工作。多年来，在车辆状况检验中，主要采取两种方法。

1. 坚持定期检验，即月检、季检、年检

每次检车时，每台车的检验情况由检车人员填写检验单，记录存档。凡是在检验中发现有不合格的车辆立即收缴行驶证，停车修理，待复检合格后，才准予行驶，不放带病车上路。对检车不合格的，根据具体情况，对驾驶人员还要进行相应的处罚。为了保证车检的质量，还培训了一批检车员，他们在车检中都能做到按要求严格检查，不漏项，在车辆管理中发挥了积极的作用。

2. 坚持车辆检验制度

对于运输车辆，坚持定期检验，据不完全统计，每年进行的车检都在 8000 台次左右。正

是由于坚持在车辆检验上下功夫,多年来全公司没有一起因车辆技术状况而引发的交通事故。

3. 加大投入,更新车辆,从根本上解决车辆运输中存在的隐患

公司重组改制前,由于车辆更新投入不够,车辆状况较差,已到报废期并办理延缓手续的车辆占总数的44.6%,给交通运输带来不安全因素。为了保证物资运输安全,特别是化学危险品运输安全,公司组织对危险品运输车辆进行认真检查,对不符合要求的车辆改为普通货物运输或做报废处理,并投资对部分车辆进行更新。2003年以来,公司共投资1000余万元,更新客车28台,货车56台,使公司车辆状况得到根本好转,虽然增加成本投入,但为保证交通运输安全提供了保证。

二、长庆油田公司排查安全隐患加强车辆安全管理新做法

长庆油田公司牢固树立"安全生产是头等大事"的思想,把安全工作摆到第一位,坚持以安全生产为重点,实施安全管理新举措,狠抓落实重实效,逐步构建了以人为本的安全管理新格局,在抓好生产安全的同时,采取多种措施,经多方努力,使车辆安全管理保持了良性运行态势,管理水平也有大幅提升。

长庆油田公司排查事故隐患加强车辆安全管理新做法主要是:

(一)分析油田作业区存在的安全隐患

长庆油田公司下辖作业区的车辆管理存在的主要隐患是:

(1)道路状况差,地理环境复杂。由于油田开发企业的特殊性,生产现场大多在野外,地面沟壑纵横,梁峁交错,山路崎岖,地势险要,油区道路多为砂石路面和土路。生产区域的地理环境和道路状况直接影响着车辆的安全出行,是导致车辆事故的客观因素。

(2)车辆混杂行驶。由于油区大多处在农村,各种各样的汽车、摩托车、农用车、拖拉机、畜力车和行人混行在一条公路上,交通管理的难度很大。

(3)驾驶人员技术差,安全素质低,安全意识存在很大差距。对近几年的事故分析表明,由于驾驶人员的违章行为造成的车辆事故占90%左右,是车辆肇事的主体。

(4)制度落实不到位,致使车辆管理出现空档,一些已经出现的安全隐患没有得到及时排除,给事故留下了祸根。

(5)生产区域点多、面广、线长,长途行驶,发生事故的概率增大。

(6)用于生产的特种车辆(如原油拉运车、修井车、压风车等)车况性能已经赶不上现代车辆管理的要求,车辆机械故障是出现突发事故的重要原因。

然而,车辆事故本质上又不完全等同于安全生产事故,很大一部分车辆事故具有偶发性,同时还具有一定规律性和可预防性,经过努力完全可以有效预防和减少车辆事故。

(二)车辆安全管理的思路与做法

1. 落实管理责任,健全管理网络,构建"三全"管理新格局

摆正车辆安全与生产经营的关系,树立车辆安全与生产同等重要的思想,做到领导重

视，措施得力，及时建立车辆安全管理体系，做到两个到位。

一是管理责任到位，落实车辆管理责任体系建立起由“一把手”负总责、主管领导负管责的车辆管理责任网络，强化责任意识，将车辆管理责任重心层层下移，使全区形成了以作业区主管领导、井区主管领导及班站长为主线的三级车辆管理体系。二是监督体系到位，落实车辆安全监督体系。建立了以作业区安全监督、井区及班站三级安全员为主线的专业车辆安全监督体系；两套体系相互协调，相互促进，层层落实，形成了一把手全面抓，主管领导重点抓、基层干部合力抓、岗位员工共同抓的“全员、全过程、全方位”的“三全”管理格局。

2. 在作业区推行“2467”管理模式

以作业区安全委员会为中心，强化2个管理体系（安全监督、安全管理），落实4大组室责任（综合办事组抓安全文化建设，机安组抓安全监督管理，运行组抓生产安全管理，经营组抓安全质量投入），坚持6项管理措施（超前预防措施、严格监控措施、精细操作措施、监管分离措施、严反三违措施、事故分析措施），形成7个分支动态监管网络（以五个采油井区、综合服务队、区机关7个基层安全监管分支体系形成合力）。

3. 以车辆安全文化建设为前提，强化司乘人员安全意识，转变观念，营造车辆安全氛围

（1）加强驾驶人员安全培训，提高安全素质。坚持每月一次的驾驶人员安全培训，通过下发文件，印发宣传材料，组织交通法规、操作技能学习培训，开展车辆安全警示教育，针对特殊事故、近期事故、内部违章行为，开展针对性的警示教育，强化驾驶人员对车辆检查、保养、路面判断、紧急避险能力教育和模拟训练，提高安全技能。

（2）加强员工乘车安全意识教育，组织员工学习关于交通安全的文件及规定，使员工了解乘车规定、带车责任和用车原则，在员工培训时，培训车辆安全知识，使员工树立自我保护意识，不乘私车，不私自驾车。

（3）加强车管人员教育培训，提高管理能力，转变管理观念，树立超前预防意识，正确处理好车辆管理的“三个关系”。一是处理好“有事”和“没事”的关系。在车辆管理实践中，“没事”常常是人们所希望达到的一种良好控制状态，“有事”则是谁也不愿意看到的结果。只有把“没事”当“有事”来对待，主动防范，坚持安全工作“想在前，抓在前，防患于未然”，始终以强烈的忧患意识和“如履薄冰”的心态去抓车辆安全，才能创造条件，使“有事”向“没事”转化。二是处理好“大事”与“小事”的关系。在抓车辆安全时，要立足于防微杜渐，抓小防大，堵塞安全漏洞，使每一位员工克服麻痹思想，时刻保持警觉性，主动做好防范工作。对工作中发现的“三违”行为，绝不能大事化小，小事化了，要进行揭短亮丑，严肃处理，让每一位员工吸取教训。三是处理好“别人的事”与“自己的事”的关系：坚持树立“邻里失火、自查炉灶”的意识，把事故通报当作教育全体司乘人员的警示教材，及时做好传达教育工作，把别人的问题与自己单位的实际相结合，进行认真分析和对照检查，以发现自身问题和隐患，并制定相应的预防措施，从而使自己少付出代价，使全区安全工作平稳有序、协调发展。

(三)构建静态车辆管理格局,实行路、人、车的“三位一体”管理

1. 积极做好道路安全管理

坚持“重养轻修”的原则,强化道路养护工作。投入大量的人力物力进行油区道路维护,在危险路段、紧急弯道设立安全行车警示牌,强化特殊天气环境下的道路管理,在汛期雨雪天气,动员全体员工将维护油区道路作为工作的重要内容,进行全面养护,确保路况良好,并将道路维护工作作为一项工作考核内容,奖罚兑现。与此同时,做好路况的检查、应急反馈工作,为车辆出行创造良好的运行条件。

2. 积极做好人员管理

建立约束机制,强制管理。为适应车辆安全售理机制,必须建立起配套的制度约束体系,以确保管理机制的有效运行。为此,作业区制定了自上而下的系统的车辆安全管理规定及制度,结合实践加以完善。为进一步加强驾驶人员管理,制定下发了“作业区驾驶人员管理规定”,要求所有驾驶人员必须做到“五遵守、五禁止”(遵守车辆调派,禁止私自出车;遵守限速规定,禁止超速行驶;遵守作息时间,禁止疲劳驾驶;遵守培训制度,禁止无故缺课;遵守安全承诺,禁止酒后驾车)。同时坚持“谁带车,谁负责”的原则,强化带车人的安全意识与责任,理顺关系,严禁超载。

3. 积极做好车辆管理

建立车辆管理登记台账,实行车辆“病历卡”制度,对每一辆配属车辆的车况性能、行驶里程、易出现故障进行详细登记,形成车辆状况一览表,加强车辆的日常管理、保养和维修等工作,严格做到车辆“不检验不出车、不保养不出车、不例行安全检查不出车、隐患不整改不出车”,同时对车辆服务进行绩效考核、费用兑现,确保了行车安全。

(四)实施车辆动态监控机制,随时制止和控制违章行为

1. 成立小组

成立车辆安全路查小组,由安全总监任组长,坚持不定期突击路查。同时,把路查的权力下放到各机关组室,每位机关干部对发现的车辆违章行为都有权制止和纠正,形成全员监控车辆安全的良好格局。

2. 强化四个重点监控

(1)重点时段监控。针对冬季大雪封山,路面状况恶劣的特殊环境,实行报常发车的措施;交通事故高发期,预先制定监控措施;每年的元旦、春节、“五一”“十一”等节假日期间,实施车辆“三交一封”,并对正常生产的运营车辆进行跟踪监控;在春乏、夏困、冬寒及政策性原因导致驾驶人员心态不稳,身体不适的特殊时期,适时调整行车任务;周末、月尾强化对驾驶人员的安全意识和操作技能教育。

(2)重点车型监控。强化对客车、大卡车、特车的监控力度,坚持实行驾驶人员年度全面考核制度、月度检查制度、每日车辆检验制度,强调静态管理与动态管理相结合,根据每一个驾驶人员的身体、思想变化,及时调整教育方法,并持续不断,保持连续性。

(3)重点人员监控。经分析,18~27岁、40~52岁年龄段,2~5年及20年以上驾龄段

的现职驾驶人员易发生交通事故。将这些驾驶人员列入重点监控范围，每月进行一次思想动态、技术操作、安全意识及职业道德方面的综合分析，确定和调整监控措施，指定专人帮促并落实监控措施。

(4)重点车辆监控。将全区车辆划分为专业运输、生产配属、工作用车3个板块，有重点地进行监控。例如，担负井区生产用车的车辆，重点落实井区干部及班站长带队、住井区员工监督举报等管理措施；对担负原油拉运的车辆，加大跟踪检查，加强驾驶人员防火防爆常识教育和路段危险点的分析、交底；对共用小型客车，侧重于对车速的控制；对小型车辆的管理，重点落实各项交通安全制度的执行情况，动态性监控无证驾车、酒后驾车的等违章措施。

随着油田生产建设规模的不断扩大，车辆保有量的增加和道路里程的延伸，车辆交通工作成为企业安全管理的重要环节，公司采取一系列车辆安全新措施，使全区在车辆安全管理上形成了较为完备的车辆管理新模式，推动了全区安全生产的高效运行。

第四节　企业隐患排查治理管理制度范本

一、××公司安全生产隐患排查治理管理制度

××公司安全生产隐患排查治理制度

第一章　总　　则

第一条　为建立健全公司道路旅客运输安全生产事故隐患排查与治理工作机制，规范隐患排查治理工作，按照“安全第一、预防为主、综合治理”方针，依据《安全生产事故隐患排查治理暂行规定》《道理旅客运输企业安全管理规范》等规定要求，制定本制度。

第二条　本制度适用于公司及所属子公司从事道路旅客运输单位的安全生产事故隐患排查治理。

第三条　各道路旅客运输单位是本单位道路旅客运输安全生产事故隐患排查治理工作的主体，要严格遵守有关安全生产的法律、法规、规范、标准和上级有关规定要求，强化隐患排查治理工作，为公司安全生产提供保障。

第四条　事故隐患排查治理工作坚持“属地管理、分级负责”的凉则。各级各单位要履行岗位职责，做好安全生产事故隐患排查治理工作，确保安全生产。

第二章　职 责 分 工

第五条　公司的安全生产事故隐患排查治理按照公司安委会为一级体系，公司职能处室为二级体系，基层单位为三级体系，基层单位职能科室为四级体系，基层单位的生产班组为五级体系，承包经营业户为六级体系，班组内的每个岗位为七级体系，七个层级管理体系，实行分级负责，保证隐患排查不留死角，隐患治理执行到位。

第六条　公司各相关处室按照各自职责负责本生产领域内的隐患排查治理的指导、协

调和督查工作。汇总、登记、分析本处室检查发现和基层单位上报的隐患，提出治理措施，无法及时治理或需要协调共同治理的隐患需上报公司安委会。

第七条　公司及各单位应积极主动开展安全生产事故隐患排查治理工作，各单位的主要负责人是本单位安全生产事故隐患排查治理工作的第一责任人。各岗位按照“一岗双责”对发现的安全生产事故隐患及时上报，积极参与隐患的治理工作。

第三章　安全生产事故隐患排查

第八条　安全生产事故隐患排查的主要环节包括营运车辆、客运驾驶人、营运客车、班线通行条件、环境隐患以及公司内部安全管理。

对客运驾驶人进行事故隐患排查的重点内容包括：驾驶人的驾驶资格、从业资格是否与所驾车型相符，驾驶人参加安全学习和培训情况。驾驶操作的规范性、驾驶人安全意识和身体心理条件、驾驶人的违法和事故信息以及交通违法行为的处理等。

对客运车辆进行隐患排查的重点内容包括：车辆技术档案，车辆安全装置和应急设备是否安全有效等。

对班线通行条件进行事故隐患排查的重点内容应包括：道路通行条件和事故多发点，车辆与道路条件的适应性，道路交通状况及规律，乘客的不安全因素等。

对环境因素进行事故隐患排查的重点内容：包括客运车辆运行地区的气候、气象规律以及特殊天气下的应急设施设备的配件(防滑链、三角木)等。

对管理因素进行事故隐患排查的重点内容应包括：公司安全生产责任制，规章制度的制定和实施情况，安全机构、人员、安全风险金情况，运营安全监控设备的安装使用情况，日常安全管理执行情况，开展安全生产自查自纠情况等。

第九条　安全生产事故隐患排查采取综合检查、专项检查、季节性检查、节假日检查、日常检查等方式进行。

各道路旅客运输单位是安全生产事故隐患排查的主体，按规定定期与不定期地开展安全生产事故隐患排查工作。每个月要保证不少一次的综合大检查，每个季节前一个月针对季节生产特点开展一次季节性大检查，春运、“十一”等重要时段或重要任务前都要进行检查。各相关部门按照各自领域做好专项检查，各岗位做好日常安全检查。

公司及各处室按照职责分工负责各领域内安全生产事故隐患排查工作的监督、检查、指导。重要时段、重要任务前组织联合或专项督查组对各单位进行检查。

第四章　安全生产事故隐患治理

第十条　各道路旅客运输单位是安全生产事故隐患治理的主体，对发现的安全生产事故隐患应立即组织治理。对于能够立即整改的一般安全生产事故隐患，由单位立即组织整改；对于不能立即整改的重大安全生产事故隐患，道路旅客运输单位应组织制定安全生产事故隐患治理方案，依据方案及时进行整改；对于自身不能解决的重大安全生产事故隐患，应该立即向所属地主管部门报告，依据有关规定进行整改。

第十一条　安全生产事故隐患治理要做到整改措施、责任、资金、时限和预案“五到位”。

在事故隐患治理过程中,应当采取相应的安全防范措施,防止事故发生。安全生产事故隐患治理方案主要内容包括:

(1)治理的目标和任务;

(2)采取的方法和措施;

(3)负责治理的机构和人员;

(4)治理的机构和人员;

(5)治理的时限和要求;

(6)安全防范措施和应急预案。

第五章　隐患排查治理档案管理

第十二条　公司各部门及道路旅客运输单位应建立安全生产事故隐患排查治理档案,档案包括以下内容:隐患排查治理日期,隐患排查的具体部位或场所,发现事故隐患的数量、类别和具体情况,事故隐患治理意见,参加隐患排查治理人员及其签字,事故隐患治理情况、复查情况、复查时间、复查人员及其签字。

第十三条　隐患排查治理档案的保存期为3年。各级各部门要做好档案的管理工作。

第十四条　各级各单位应该每季度、每年对本单位事故隐患排查治理情况进行统计,分析隐患形成的原因、特点及规律,建立事故隐患排查治理长效机制。

第六章　附　　则

第十五条　公司隐患排查治理制度自发布之日起实施。

二、××公司事故隐患治理方案

××公司事故隐患治理方案

为了建立安全生产事故隐患排查治理长效机制,推进公司安全隐患派查治理工作,彻底消除事故隐患,有效防止和减少各类事故的发生,特制定本方案。

安全隐患分为一般安全事故隐患和重大安全事故隐患。一般安全事故隐患,是指危害和整改难度较小,发现后能够立即整改排除的隐患。重大事故隐患,是指危害和整改难度较大,应全部或者局部停产停业,并经过一定时间整改治理方能排除的隐患,或者因外部因素影响致使生产经营单位自身难以排除的隐患。

一、目标和任务

通过隐患治理,杜绝一切事故苗头,认真消灭事故隐患,同时举一反三,查找和弥补安全管理和工作中的差错和疏漏,防微杜渐,确保安全生产。

二、方法和措施

(一)治理方法

(1)通过隐患排查专项活动及各类检查活动,及时发现事故隐患;

(2)发现隐患查后,各部门能及时处理的,必须第一时间进行隐患治理,排除险情;

(3)非本公司管理的场所、设施设备、人员出现隐患,对本公司会有影响的,发现部门和个人应及时向安全部报告;

(4)安全部对排查出的隐患及时进行隐患评估,决定采取的措施;

(5)根据危险程度下达隐患整改通知书或通知单;

(6)重大事故隐患即刻上报安全生产领导小组,由安全生产领导小组即刻下达隐患整改通知书,并制定应急预案,必要时可停产整改;

(7)各部门应及时进行治理,确保在限期内完成整改任务;

(8)整改结束后,安全部或安全领导小组派人现场验证,确保治理达到规定要求。

(二)治理措施

隐患治理措施包括管理措施、防护措施、应急措施等。各措施可单独使用或结合其他措施综合使用。

(1)管理措施:通过加强管理,确保原危险因素消失或消减,避免事故发生;

(2)教育措施:对隐患涉及者、制造者、责任人进行安全教育;

(3)防护措施:对于无法从根本上消除危险的隐患,对接触者采取劳动防护手段,确保危险程度降低;

(4)应急措施:在直接整治前,临时采取必要手段,预防事故发生。

三、经费和物资

(1)治理隐患所需经费直接经理通知财务部拨付;

(2)如治理所需经费数额巨大,应上报集团公司安技处;

(3)财务部应无条件确保治理经费及时拨付;

(4)治理所需物资应按照特事特办原则,由财务或安全部门及时采购。

四、机构和人员

公司成立安全隐患排查治理领导小组

组　长:经　理　马××

副组长:书　记　陈××　　安全经理　王××

成　员:宋××　　刘××　　李××　赵××　胡××　赵××　　李××

马××全面负责安全隐患整改治理部署,监督各项安全隐患整改治理工作的落实。

陈××负责全体员工的安全防范意识培训教育。

王××负责公司安全隐患整改治理工作的具体落实。

各部门负责人及成员在各自职责范围内进行工作,或协助安全隐患整改治理工作的开展。

五、时限和要求

(1)重大事故隐患整改通知书即刻下达,一般隐患整改通知书下达时限在半个工作日内(自接到隐患报告始)。

(2)治理时限自接到通知,一般不超过24小时;复杂、工作量较大或已停产的治理任务一般不超过72小时。

(3)隐患治理必须严格按照要求，切实消除危险因素，并认真检查，确保没有因为治理工作，产生新的不安全因素。

(4)安全部应及时做好现场验证工作，验证不合格的，必须及时采取补救措施。

(5)隐患治理工作与安全责任制挂钩，实行年终一票否决权。

××运输公司

2015年2月1日

三、隐患整改通知书

编号：

危险货物道路运输企业隐患整改通知书

________________________：

______年____月____日，对你单位进行检查，发现你单位存在以下安全隐患：__________

____

____

依据《道路危险货物运输管理规定》《道路货物运输场站及站场管理规定》等法律法规要求，责令你单位于______年____月____日前完成整改，并书面上报整改情况。整改期间，暂停办理增车、扩大经营范围等相关业务。如整改后仍达不到要求，按有关规定，吊销《道路运输经营许可证》或者其相应的经营范围。

企业负责人签字：　　　　　　　　执法检查人员签字：

企业印章：　　　　　　　　　　　道路运输管理机构印章：

注：本通知一式两联。第一联为存根联，由负责实施检查的道路运输管理机构存查；第二联为通知联，交被检查单位。

四、××公司安全管理检查表

序号	检 查 内 容	检 查 方 法	检查结果
1	应了解清楚所运危险货物的性质及注意事项，以便采取必要的安全措施	现场询问驾驶人员	
2	装载危险货物的车辆应有明显标志，如插上“危险品”字样的黄旗，车上应有消防器材、防静电的搭铁装置，排气管上装好灭火罩等	查现场	

续上表

序号	检 查 内 容	检 查 方 法	检查结果
3	车辆启动要平稳,防止冲撞和振动;不要高速行驶,适当拉大同向行车的间距,平稳转弯要减速,避免紧急制动;不要在人群密集处停靠,驾驶人员和押运员不可同时离开车辆	现场询问驾驶人员	
4	装卸时应注意包装是否牢固,按标记要求切勿倒置,装卸要轻拿轻放;严禁撞击、重压、摩擦和倾倒,并带好必要的劳动防护用品和工具,工作完毕后要进行清洗消毒	查现场	
5	互相接触容易引起燃烧、爆炸的物品,不得混装在同一车辆内	现场询问驾驶人员	
6	夏季运输避免暴晒,装运时要有遮阳设施	查现场	

五、××运输公司安全隐患排查治理台账

××运输公司安全隐患排查治理台账

序号	隐患名称	重大或一般隐患	整改通知编号	投入资金	责任人	要求整改完成日期	实际整改完成日期	复检人及日期

第三篇
重大危险源安全管理篇

第八章　重大危险源管理

《安全生产法》中给出了重大危险源管理的要求和概念。

《安全生产法》第二十二条第三款要求,生产经营单位的安全生产管理机构以及安全生产管理人员应履行督促落实本单位重大危险源的安全管理措施的职责。这是《安全生产法》赋予生产经营单位的法律责任。

《安全生产法》第一百一十二条第二款中,将“重大危险源”定义为:长期地或者临时地生产、搬运、使用或者储存危险物品[1],且危险物品的数量等于或者超过临界量的单元(包括场所和设施)。

所谓临界量,是指一个数值,当某种危险物品的数量达到或者超过这个数值时,就有可能发生危险。根据定义,重大危险源是危险物品大量聚集的地方,具有较大的危险性,而且一旦发生生产安全事故,将会对从业人员及相关人员的人身安全和财产造成比较大的损害。某种危险物品与重大危险源的关系,如图 8-1 所示。

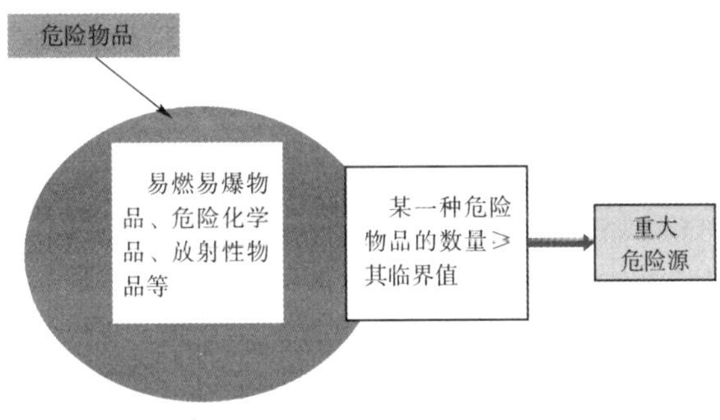

图 8-1　某种危险物品与重大危险源的关系

值得注意的是,由于旅客道路运输、普通货物道路运输不涉及危险物品,故旅客道路运输企业、普通货物道路运输企业的安全生产工作不涉及重大危险源管理。

本部分主要介绍我国法规标准对重大危险源管理的要求以及重大危险源的辨识、分级、评估、管理。

一、法规要求

(一)《安全生产法》

《安全生产法》第二十二条规定:生产经营单位的安全生产管理机构以及安全生产管理

---

[1] 《安全生产法》第一百一十二条第一款中危险物品,是指易燃易爆物品、危险化学品、放射性物品等能够危及人身安全和财产安全的物品。

人员履行下列职责：……（三）督促落实本单位重大危险源的安全管理措施……

《安全生产法》第三十七条规定：生产经营单位对重大危险源应当登记建档，进行定期检测、评估、监控，并制定应急预案，告知从业人员和相关人员在紧急情况下应当采取的应急措施。

生产经营单位应当按照国家有关规定将本单位重大危险源及有关安全措施、应急措施报有关地方人民政府安全生产监督管理部门和有关部门备案。

《安全生产法》第九十八条第二款规定：对重大危险源未登记建档，或者未进行评估、监控，或者未制定应急预案的生产经营单位，可以处十万元以下的罚款；逾期未改正的，责令停产停业整顿，并处十万元以上二十万元以下的罚款，对其直接负责的主管人员和其他直接责任人员处二万元以上五万元以下的罚款；构成犯罪的，依照刑法有关规定追究刑事责任。

（二）《危险化学品重大危险源监督管理暂行规定》

2011 年 8 月 5 日国家安全生产监督管理总局颁布了《危险化学品重大危险源监督管理暂行规定》（安监总局令第 40 号，自 2011 年 12 月 1 日起施行，以下简称《暂行规定》）。《暂行规定》共有总则、辨识与评估、安全管理、监督检查、法律责任、附则，共六章，三十六条，2 个附件。适用于从事危险化学品生产、储存、使用和经营的单位的危险化学品重大危险源的辨识、评估、登记建档、备案、核销及其监督管理。明确了危险化学品单位是本单位重大危险源安全管理的责任主体；重大危险源的安全监督管理实行属地监管与分级管理相结合的原则。

《暂行规定》将“危险化学品重大危险源（以下简称重大危险源）”定义为：按照《危险化学品重大危险源辨识》（GB 18218—2009）标准辨识确定，是生产、储存、使用或者搬运危险化学品的数量等于或者超过临界量的单元（包括场所和设施）。

有关重大危险源安全管理法规、标准体系，如图 8-2 所示。

二、重大危险源辨识

《暂行规定》第七条规定，危险化学品重大危险源辨识由《危险化学品重大危险源辨识》（GB 18218—2009）确定。同时，重大危险源辨识是针对本单位的危险化学品生产、经营、储存和使用装置、设施或者场所进行的，未涉及危险化学品道路运输。

以下根据《危险化学品重大危险源辨识》（GB 18218—2009），介绍重大危险源辨识的相关知识。

1. 适用范围

《危险化学品重大危险源辨识》（GB 18218—2009）规定了辨识危险化学品重大危险源的依据和方法；适用于危险化学品的生产、使用、储存和经营等各企业或组织，不适用于危险化学品的运输；且《暂行规定》中明确，重大危险源辨识是针对本单位的危险化学品生产、经营、储存和使用装置、设施或者场所进行的，未涉及危险化学品道路运输。故本书仅介绍重大危险源辨识、分级、评估、管理的基本理论。

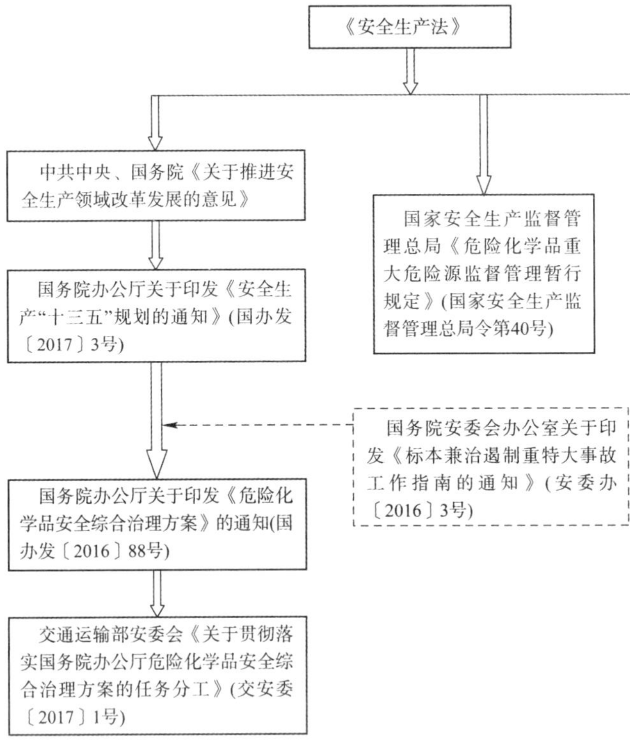

图 8-2　有关重大危险源安全管理法规、标准体系

2. 术语和定义

《危险化学品重大危险源辨识》(GB 18218—2009)将"危险化学品"定义为"具有易燃、易爆、有毒、有害等特性,会对人员、设施、环境造成伤害或损害的化学品"。但应根据 2012 年颁布的《危险化学品安全管理条例》(国务院令 591 号)调整为"危险化学品,是指具有毒害、腐蚀、爆炸、燃烧、助燃等性质,对人体、设施、环境具有危害的剧毒化学品和其他化学品"。

将"危险化学品重大危险源"定义为,长期地或临时地生产、加工、使用或储存危险化学品,且危险化学品的数量等于或超过临界量的单元。

"单元"是指,一个(套)生产装置,设施或场所,或同属一个生产经营单位的且边缘距离小于 500m 的几个(套)生产装置、设施或场所。

"临界量"是指,对于某种或某类危险化学品规定的数量,若单元中的危险化学品数量等于或超过该数量,则该单元定为重大危险源。

3. 危险化学品重大危险源辨识

(1)辨识依据。危险化学品重大危险源的辨识依据是危险化学品的危险特性及其数量,具体见表 8-1 和表 8-2。

(2)危险化学品临界量的确定方法如下:

①在表 8-1 范围内的危险化学品,其临界量按表 8-1 确定。

②未在完整的表内的危险化学品,依据其危险性,按表 8-2 确定临界量;若一种危险化

学品具有多种危险性,按其中最低的临界量计。

危险化学品名称及其临界量(部分) 表 8-1

序号	类别	危险化学品名称和说明	临界量(T)
1	爆炸品	叠氮化钡	0.5
2		叠氮化铅	0.5
3		雷酸汞	0.5
4		三硝基苯甲醚	5
5		三硝基甲苯	5
6		硝化甘油	1
7		硝化纤维素	10
8		硝酸铵(含可燃物 >0.2%)	5

注:表 8-1 仅列出了爆炸品的部分,完整的表中(附录三)列出了爆炸品、易燃气体、毒性气体、易燃液体、易于自然的物质、遇水放出易燃气体的物质、氧化性物质、有机过氧化物、毒性物质等 9 个类别,共 78 个危险化学品。

未在完整的表中列举的危险化学品类别及其临界量(部分) 表 8-2

类　别	危险性分类及说明	临界量(T)
爆炸品	1.1A 项爆炸品	1
	除 1.1A 以外的其他项 1.1 项爆炸品	10
	除 1.1 项以外的其他爆炸品	50
气体	易燃气体、危险性属于 2.2 项非易燃无毒气体且次要危险性为 3 类的气体	10
	剧毒气体:危险性属于 2.3 项且急性毒性为类别 1 的毒性气体	200
	有毒气体:危险性属于 2.3 项的其他毒性气体	5
易燃液体	极易燃液体:沸点≤35℃且闪点 <0℃的液体;或保存温度一直在其沸点以上的易燃液体	50
	高度易燃液体:闪点 23℃的液体(不包括极易燃液体);液态退敏爆炸品	10
	易燃液体:23℃≤闪点 <61℃的液体	1000
易燃固体	危险性属于 4.1 项且包装为Ⅰ类的物质	5000
易于自燃的物质	危险性属于 4.2 项且包装为Ⅰ或Ⅱ类的物质	200
遇水放出易燃气体的物质	危险性属于 4.3 项且包装为Ⅰ或Ⅱ类的物质	200
氧化性物质	危险性属于 5.1 项且包装为Ⅰ类的物质	50
	危险性属于 5.1 项且包装为Ⅱ或Ⅲ类的物质	200

4. 重大危险源的辨识指标

单元内存在危险化学品的数量等于或超过表 8-1、表 8-2 规定的临界量,即被定为重大危险源。单元内存在的危险化学品的数量,根据处理危险化学品种类的多少区分为以下两种情况:

(1)单元内存在的危险化学品为单一品种,则该危险化学品的数量即为单元内危险化学品的总量,若等于或超过相应的临界量,则定为重大危险源。

(2)单元内存在的危险化学品为多品种时,则按 $q_1/Q_1+q_2/Q_2+\cdots+q_n/Q_N\geqslant 1$ 计算,若满足,则定义为重大危险源(式中:$q_1,q_2,\cdots q_n$为每种危险化学品实际存在量,单位为 t;Q_1,$Q_2,\cdots Q_N$为与各危险化学品相对应的临界量,单位为 t)。

三、重大危险源分级

《暂行规定》第八条第三款规定,"重大危险源分级方法由本规定附件 1 列示"(注:附件 1 为"危险化学品重大危险源分级方法")。该条要求,危险化学品单位应当对重大危险源进行安全评估并确定重大危险源等级。同时,重大危险源根据其危险程度,分为一级、二级、三级和四级,一级为最高级别,如图 8-3所示。

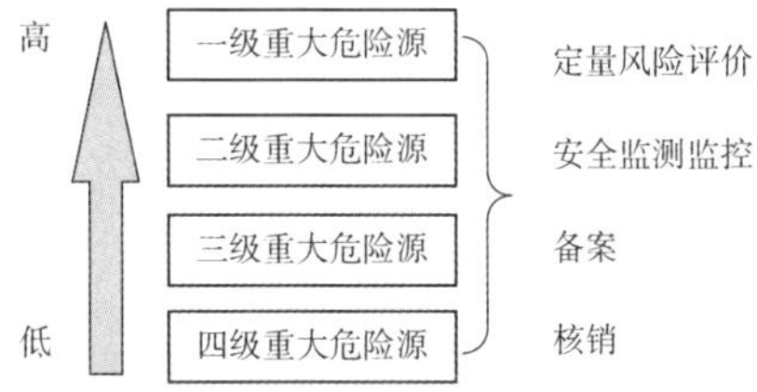

图 8-3 重大危险源分级

依据《暂行规定》的附件 1 进行重大危险源分级,具体方法如下。

1. 分级指标

采用单元内各种危险化学品实际存在(在线)量与其在《危险化学品重大危险源辨识》(GB 18218—2009)中规定的临界量比值,经校正系数校正后的比值之和 R 作为分级指标。

$$R=\alpha\left(\beta_1\frac{q_1}{Q_1}+\beta_2\frac{q_2}{Q_2}+\cdots+\beta_n\frac{q_n}{Q_n}\right)$$

式中:$q_1,q_2,\cdots,q_n$——每种危险化学品实际存在(在线)量(t);

$Q_1,Q_2,\cdots,Q_n$——与各危险化学品相对应的临界量(t);

$\beta_1,\beta_2\cdots,\beta_n$——与各危险化学品相对应的校正系数;

α——该危险化学品重大危险源厂区外暴露人员的校正系数。

(1)校正系数 β 的取值

根据单元内危险化学品的类别不同,设定校正系数 β 值,见表 8-3 和表 8-4。

校正系数 β 取值表 表 8-3

危险化学品类别	毒性气体	爆炸品	易燃气体	其他类危险化学品
β	见表 2	2	1.5	1

注:危险化学品类别依据《危险货物品名表》(GB 12268)中分类标准确定。

常见毒性气体校正系数 β 值取值表 表 8-4

毒性气体名称	一氧化碳	二氧化硫	氨	环氧乙烷	氯化氢	溴甲烷	氯
β	2	2	2	2	3	3	4
毒性气体名称	硫化氢	氟化氢	二氧化氮	氰化氢	碳酰氯	磷化氢	异氰酸甲酯
β	5	5	10	10	20	20	20

注:未在表 8-4 中列出的有毒气体可按 $\beta=2$ 取值,剧毒气体可按 $\beta=4$ 取值。

(2)校正系数 α 的取值

根据重大危险源的厂区边界向外扩展500m范围内常住人口数量,设定厂外暴露人员校正系数 α 值,见表8-5。

校正系数 α 取值表 表8-5

厂外可能暴露人员数量	α	厂外可能暴露人员数量	α
100人以上	2.0	1~29人	1.0
50~99人	1.5	0人	0.5
30~49人	1.2		

2. 分级标准

根据计算出来的 R 值,按表8-6确定危险化学品重大危险源的级别。

危险化学品重大危险源级别和 R 值的对应关系 表8-6

危险化学品重大危险源级别	R 值	危险化学品重大危险源级别	R 值
一级	$R \geqslant 100$	三级	$50 > R \geqslant 10$
二级	$100 > R \geqslant 50$	四级	$R < 10$

四、重大危险源评估

1. 重大危险源评估

《暂行规定》第八条规定,对重大危险源评估提出了以下要求:

(1)危险化学品单位可以组织本单位的注册安全工程师、技术人员或者聘请有关专家进行安全评估,也可以委托具有相应资质的安全评价机构进行安全评估。

(2)依照法律、行政法规的规定,危险化学品单位需要进行安全评价的,重大危险源安全评估可以与本单位的安全评价一起进行,以安全评价报告代替安全评估报告,也可以单独进行重大危险源安全评估。

《暂行规定》第九条规定,重大危险源有下列情形之一的,应当委托具有相应资质的安全评价机构,按照有关标准的规定采用定量风险评价方法进行安全评估,确定个人和社会风险值:

(1)构成一级或者二级重大危险源,且毒性气体实际存在(在线)量与其在《危险化学品重大危险源辨识》中规定的临界量比值之和大于或等于1的;

(2)构成一级重大危险源,且爆炸品或液化易燃气体实际存在(在线)量与其在《危险化学品重大危险源辨识》中规定的临界量比值之和大于或等于1的。

2. 需要重新辨识、分级、评估的情况

《暂行规定》第十一条规定,有下列情形之一的,危险化学品单位应当对重大危险源重新进行辨识、安全评估及分级:

(1)重大危险源安全评估已满三年的;

(2)构成重大危险源的装置、设施或者场所进行新建、改建、扩建的;

(3)危险化学品种类、数量、生产、使用工艺或者储存方式及重要设备、设施等发生变化,影响重大危险源级别或者风险程度的;

(4)外界生产安全环境因素发生变化,影响重大危险源级别和风险程度的;

(5)发生危险化学品事故造成人员死亡,或者 10 人以上受伤,或者影响到公共安全的;

(6)有关重大危险源辨识和安全评估的国家标准、行业标准发生变化的。

五、重大危险源管理

《安全生产法》要求危险化学品单位对重大危险源进行管理。《暂行规定》第三章安全管理对重大危险源安全管理提出了 11 个方面的要求,具体如下。

值得注意的是,这里所指的重大危险源是针对危险化学品生产、经营、储存和使用装置、设施或者场所的。

1. 规章规程

《暂行规定》要求,危险化学品单位应当建立完善重大危险源安全管理规章制度和安全操作规程,并采取有效措施保证其得到执行。

重大危险源安全管理规章管理制度和安全操作规程要和企业现有的管理制度和操作规程有机结合,不是完全另搞一套。

2. 监测监控

《暂行规定》要求,危险化学品单位应当根据构成重大危险源的危险化学品种类、数量、生产、使用工艺(方式)或者相关设备、设施等实际情况,按照下列要求建立健全安全监测监控体系,完善控制措施:

(1)重大危险源配备温度、压力、液位、流量、组分等信息的不间断采集和监测系统以及可燃气体和有毒有害气体泄漏检测报警装置,并具备信息远传、连续记录、事故预警、信息存储等功能;一级或者二级重大危险源,具备紧急停车功能。记录的电子数据的保存时间不少于 30 天。

(2)重大危险源的化工生产装置装备满足安全生产要求的自动化控制系统;一级或者二级重大危险源,装备紧急停车系统。

(3)对重大危险源中的毒性气体、剧毒液体和易燃气体等重点设施,设置紧急切断装置;毒性气体的设施,设置泄漏物紧急处置装置。涉及毒性气体、液化气体、剧毒液体的一级或者二级重大危险源,配备独立的安全仪表系统(SIS)。

(4)重大危险源中储存剧毒物质的场所或者设施,设置视频监控系统。

(5)安全监测监控系统符合国家标准或者行业标准的规定。

3. 检测检验

《暂行规定》要求,危险化学品单位应当按照国家有关规定,定期对重大危险源的安全设施和安全监测监控系统进行检测、检验,并进行经常性维护、保养,保证重大危险源的安全设施和安全监测监控系统有效、可靠运行。维护、保养、检测应当做好记录,并由有关人员签字。

4. 隐患排查

《暂行规定》要求，危险化学品单位应当明确重大危险源中关键装置、重点部位的责任人或者责任机构，并对重大危险源的安全生产状况进行定期检查，及时采取措施消除事故隐患。事故隐患难以立即排除的，应当及时制定治理方案，落实整改措施、责任、资金、时限和预案。

5. 培训教育

《暂行规定》要求，危险化学品单位应当对重大危险源的管理和操作岗位人员进行安全操作技能培训，使其了解重大危险源的危险特性，熟悉重大危险源安全管理规章制度和安全操作规程，掌握本岗位的安全操作技能和应急措施。

6. 安全标志

《暂行规定》要求，危险化学品单位应当在重大危险源所在场所设置明显的安全警示标志，写明紧急情况下的应急处置办法。

7. 周边告知

《暂行规定》要求，危险化学品单位应当将重大危险源可能发生的事故后果和应急措施等信息，以适当方式告知可能受影响的单位、区域及人员。

《重大危险源危险物质安全周知牌》张贴在作业人员出入处时设置尺寸须不小于140cm×120cm，而张贴在操作人员岗位醒目处时一般固定为30cm×45cm（可采用金属或塑料薄板制作）。

8. 应急体系

《暂行规定》要求，危险化学品单位应当依法制定重大危险源事故应急预案，建立应急救援组织或者配备应急救援人员，配备必要的防护装备及应急救援器材、设备、物资，并保障其完好和方便使用；配合地方人民政府安全生产监督管理部门制定所在地区涉及本单位的危险化学品事故应急预案。

对存在吸入性有毒、有害气体的重大危险源，危险化学品单位应当配备便携式浓度检测设备、空气呼吸器、化学防护服、堵漏器材等应急器材和设备；涉及剧毒气体的重大危险源，还应当配备两套以上（含本数）气密型化学防护服；涉及易燃易爆气体或者易燃液体蒸气的重大危险源，还应当配备一定数量的便携式可燃气体检测设备。

9. 应急演练

《暂行规定》要求，危险化学品单位应当制定重大危险源事故应急预案演练计划，并按照下列要求进行事故应急预案演练：

（1）对重大危险源专项应急预案，每年至少进行一次；

（2）对重大危险源现场处置方案，每半年至少进行一次。

应急预案演练结束后，危险化学品单位应当对应急预案演练效果进行评估，撰写应急预案演练评估报告，分析存在的问题，对应急预案提出修订意见，并及时修订完善。

10. 登记建档

《暂行规定》要求，危险化学品单位应当对辨识确认的重大危险源及时、逐项进行登记建档。重大危险源档案应当包括下列文件、资料：

①辨识、分级记录；

②重大危险源基本特征表；

③涉及的所有化学品安全技术说明书；

④区域位置图、平面布置图、工艺流程图和设备一览表；

⑤安全管理规章制度及安全操作规程；

⑥安全监测监控系统、措施说明、检测、检验结果；

⑦事故应急预案、评审意见、演练计划和评估报告；

⑧安全评估报告或者安全评价报告；

⑨关键装置、重点部位的责任人、责任机构名称；

⑩安全警示标志的设置情况；

⑪其他文件、资料。

11. 备案

《暂行规定》要求，危险化学品单位在完成重大危险源安全评估报告或者安全评价报告后15日内，应当填写重大危险源备案申请表，连同本规定第二十二条规定的重大危险源档案材料(其中第二款第五项规定的文件资料只需提供清单)，报送所在地县级人民政府安全生产监督管理部门备案。

《暂行规定》"第四章监督检查、第五章法律责任"中涉及危险货物道路运输企业的内容不多，在此不赘述。

附录一　公路水路行业安全生产风险管理暂行办法

第一章　总　　则

第一条　为加强公路水路行业安全生产风险管理,规范安全生产风险辨识、评估与管控工作,防范和遏制安全生产事故,依据《中华人民共和国安全生产法》和交通运输有关法规制度,制定本办法。

第二条　本办法适用于公路水路行业安全生产风险辨识、评估、管控及其监督管理工作。

第三条　从事公路水路行业生产经营活动的企事业单位(以下简称生产经营单位)是安全生产风险管理的实施主体,应依法依规建立健全安全生产风险管理工作制度,开展本单位管理范围内的风险辨识、评估等工作,落实重大风险登记、重大危险源报备和控制责任,防范和减少安全生产事故。

第四条　交通运输部指导全国公路水路行业安全生产风险管理工作。地方交通运输管理部门和有关部属单位指导管辖范围内安全生产风险管理工作。属地负有安全生产监督管理职责的交通运输管理部门具体负责管辖范围内生产经营单位重大风险辨识、评估与管控的监督管理工作。

第五条　公路水路行业安全生产风险管理工作应坚持"单位负责、行业监管、动态实施、科学管控"的原则。

第二章　分类分级

第六条　公路水路行业安全生产风险(以下简称风险)是指生产经营过程中发生安全生产事故的可能性。

第七条　风险按业务领域分为道路运输风险、水路运输风险、港口营运风险、交通工程建设风险、交通设施养护工程风险和其他风险六个类型。每个类型可按照业务属性分为若干类别。

第八条　风险等级按照可能导致安全生产事故的后果和概率,由高到低依次分为重大、较大、一般和较小四个等级。

第九条　重大风险是指一定条件下易导致特别重大安全生产事故的风险。

较大风险是指一定条件下易导致重大安全生产事故的风险。

一般风险是指一定条件下易导致较大安全生产事故的风险。

较小风险是指一定条件下易导致一般安全生产事故的风险。

以上同时满足两个以上条件的,按最高等级确定风险等级。

第十条 各重点领域的风险等级判定指南由交通运输部另行发布。

第三章 辨识、评估与控制

第一节 辨识与评估

第十一条 生产经营单位应针对本单位生产经营活动范围及其生产经营环节,按照相关法规标准要求,编制风险辨识手册,明确风险辨识范围、方式和程序。

第十二条 生产经营单位风险辨识应针对影响发生安全生产事故及其损失程度的致险因素进行,致险因素一般包含以下方面:

(一)从业人员安全意识、安全与应急技能、安全行为或状态;

(二)生产经营基础设施、运输工具、工作场所等设施设备的安全可靠性;

(三)影响安全生产外部要素的可知性和应对措施;

(四)安全生产的管理机构、工作机制及安全生产管理制度合规和完备性。

第十三条 生产经营单位安全生产风险辨识分为全面辨识和专项辨识。全面辨识是生产经营单位为全面掌握地本单位安全生产风险,全面、系统对本单位生产经营活动开展的风险辨识;专项辨识是生产经营单位为及时掌握本单位重点业务、工作环节或重点部位、管理对象的安全生产风险,对本单位生产经营活动范围内部分领域开展的安全生产风险辨识。

第十四条 全面辨识应每年不少于1次,专项辨识应在生产经营环节或其要素发生重大变化或管理部门有特殊要求时及时开展。安全生产风险辨识结束后应形成风险清单。

第十五条 生产经营单位应依据风险等级判定指南,对风险清单中所列风险进行逐项评估,确定风险等级以及主要致险因素和控制范围。

第十六条 风险致险因素发生变化超出控制范围的,生产经营单位应及时组织重新评估并确定等级。

生产经营单位重大风险等级评定、等级变更和销号,可委托第三方服务机构进行评估或成立评估组进行评估,出具评估结论。生产经营单位成立的评估组成员应包括生产经营单位负责人或安全管理部门负责人和相关业务部门负责人、2名以上相关专业领域具有一定从业经历的专业技术人员。

第二节 管理与控制

第十七条 生产经营单位应依据风险的等级、性质等因素,科学制定管控措施。

第十八条 生产经营单位应建立风险动态监控机制,按要求进行监测、评估、预警,及时掌握风险的状态和变化趋势。

第十九条 生产经营单位应严格落实风险管控措施,保障必要的投入,将风险控制在可接受范围内。

第二十条 生产经营单位应当将风险基本情况、应急措施等信息通过安全手册、公告提醒、标识牌、讲解宣传等方式告知本单位从业人员和进入风险工作区域的外来人员，指导、督促做好安全防范。

第二十一条 生产经营单位应针对本单位风险可能导致的安全生产事故，制定或完善应急措施。

第二十二条 当风险的致险因素超出管控范围，达到预警条件的，生产经营单位应及时发出预警信息，并立即采取针对性管控措施，防范安全生产事故发生。发生安全生产事故的，应按有关规定，及时有效处置。

第二十三条 生产经营单位应对管理范围内风险辨识、评估、登记、管控、应急等情况进行年度总结和分析，针对存在的问题提出改进措施。

第二十四条 生产经营单位应如实记录风险辨识、评估、监测、管控等工作，并规范管理档案。重大风险应单独建立清单和专项档案。

第二十五条 生产经营单位应加大安全投入，积极开展风险辨识、评估、管控相关技术研究和应用，提升风险管控能力。

第三节　重大风险管控与登记

第二十六条 生产经营单位应按下列要求加强重大风险管控：

（一）对重大风险制定动态监测计划，定期更新监测数据或状态，每月不少于 1 次，并单独建档；

（二）重大风险应单独编制专项应急措施；

（三）重大风险确定后按年度组织专业技术人员对风险管控措施进行评估改进，年度评估报告应在次年 1 个月内通过交通运输安全生产风险管理系统向属地负有安全生产监督管理职责的交通运输管理部门报送。

第二十七条 生产经营单位应对进入重大风险影响区域的本单位从业人员组织开展安全防范、应急逃生避险和应急处置等相关培训和演练。

第二十八条 生产经营单位应当在重大风险所在场所设置明显的安全警示标志，标明重大风险危险特性、可能发生的事件后果、安全防范和应急措施。

第二十九条 生产经营单位应当将重大风险的名称、位置、危险特性、影响范围、可能发生的安全生产事故及后果、管控措施和安全防范与应急措施告知直接影响范围内的相关单位或人员。

第三十条 生产经营单位应当将本单位重大风险有关信息通过公路水路行业安全生产风险管理信息系统进行登记，构成重大危险源的应向属地综合安全生产监督管理部门备案。登记（含重大危险源报备，下同）信息应当及时、准确、真实。

第三十一条 重大风险登记主要内容包括基本信息、管控信息、预警信息和事故信息等。

(一)基本信息包括重大风险名称、类型、主要致险因素、评估报告,所属生产经营单位单位名称、联系人及方式等信息;

(二)管控信息包括管控措施(含应急措施)和可能发生的安全生产事故及影响范围与后果等信息;

(三)预警信息包括预警事件类型、级别,可能影响区域范围、持续时间、发布(报送)范围,应对措施等;

(四)事故信息包括重大风险管控失效发生的安全生产事故名称、类型、级别、发生时间、造成的人员伤亡和损失、应急处置情况、调查处理报告等;

(五)填报单位、人员、时间,以及需填报的其他信息。

上述第(三)、(四)款信息在预警或安全生产事故发生后登记或报备。

第三十二条 重大风险登记分为初次、定期和动态三种方式。

第三十三条 初次登记,应在评估确定重大风险后5个工作日内填报。

第三十四条 定期登记,采取季度和年度登记,季度登记截止时间为每季度结束后次月10日;年度登记时间为自然年,截止时间为次年1月30日。

第三十五条 生产经营单位发现重大风险的致险因素超出管控范围,或出现新的致险因素,导致发生安全生产事故概率显著增加或预估后果加重时,应在5个工作日内动态填报相关异常信息。

第三十六条 重大风险经评估确定等级降低或解除的,生产经营单位应于5个工作日内通过公路水路行业安全生产风险管理系统予以销号。

第三十七条 重大风险管控失效发生安全生产事故的,应急处置和调查处理结束后,应在15个工作日对相关工作进行评估总结,明确改进措施,评估总结应向属地负有安全生产监督管理职责的交通运输管理部门报送。

第四章 监督管理

第三十八条 属地负有安全生产监督管理职责的交通运输管理部门应将管辖范围内的生产经营单位安全生产风险管理工作纳入日常监督管理,将重大风险监督抽查纳入安全生产年度监督检查计划,明确抽查比例和方式,督促企业落实管控责任。

第三十九条 属地负有安全生产监督管理职责的交通运输管理部门对生产经营单位重大风险监督抽查的主要内容包括:

(一)重大风险管理制度、岗位责任制建设情况;

(二)重大风险登记、监测管控等落实情况;

(三)重大风险应急措施和应急演练情况。

第四十条 属地负有安全生产监督管理职责的交通运输管理部门应对监督抽查发现重大风险辨识、管控、登记等工作落实不到位的生产经营单位采取以下措施予以监督整改。

(一)对未建立完善的重大风险管理制度、机制、岗位责任体系和重大风险应急措施的予以督促整改；

（二）对未按规定开展重大风险辨识、评估、登记、评估改进和应急演练等工作的予以限期整改；

（三）对重大风险未有效实施监测和控制的纳入重大安全生产隐患予以挂牌督办；

（四）对重大风险控制不力，不能保证安全的，应依据相关法律法规予以处罚。

第四十一条 属地负有安全生产监督管理职责的交通运输管理部门应规范记录对生产经营单位风险管理监督抽查的有关信息，针对管辖范围内的重大风险建立档案，妥善保存相关文件资料。

第四十二条 交通运输管理部门可以通过购买服务的方式，委托专业第三方服务机构开展重大风险督查检查工作。

第四十三条 交通运输管理部门应通过政策、法规标准和科技项目支持等方式，鼓励引导行业开展风险管控技术装备研究与应用，充分运用信息化、智能化、大数据等技术手段和先进工艺、材料、技术、装备，提升风险管控水平和安全监管能力。

第四十四条 任何单位或者个人对生产经营单位安全生产风险管理违法违规行为，均有权向生产经营单位或交通运输管理部门投诉或举报。

第四十五条 交通运输管理部门或生产经营单位应对拟公布的风险信息进行评估，涉及社会稳定和国家安全的，应遵照国家保密法律法规，未经允许不得公开。

第四十六条 交通运输管理部门对不按有关规定开展风险辨识、评估以及监测、管控重大风险的生产经营单位和相关人员，应依法依规予以处理，并记入其安全生产不良信用记录。

第四十七条 受生产经营单位委托承担风险辨识、评估、管控支持和监督检查的第三方服务机构，应对其承担工作的合规性、准确性负责。生产经营单位委托第三方服务机构提供风险管理相关支持工作，不改变生产经营单位风险管理的主体责任。

第四十八条 属地负有安全生产监督管理职责的交通运输管理部门及工作人员，对生产经营单位重大风险监督管理失职渎职，导致发生安全生产事故的，应依法依规追究责任。

第五章　附　　则

第四十九条 属地负有安全生产监督管理职责的交通运输管理部门是指依据相关法律法规或有关规定，直接对生产经营单位交通运输相关业务安全生产工作负有监督管理责任的单位或部门。

第五十条 本办法自2018年1月1日起实施，有效期3年。

附录二　公路水路行业安全生产隐患治理暂行办法

第一章　总　　则

第一条　为加强和规范公路水路行业安全生产隐患治理工作，督促从事交通运输生产经营活动的企事业单位（以下简称生产经营单位）落实安全生产主体责任，防范和遏制公路水路行业安全生产事故发生，保障人民群众生命财产安全，依据《中华人民共和国安全生产法》和交通运输有关法规制度，制定本办法。

第二条　本办法适用于公路水路行业安全生产隐患排查、整改及其监督管理工作。

第三条　本办法所称安全生产隐患，是生产经营单位违反安全生产法律、法规、规章、标准、规程和安全生产管理制度等规定，或因其他因素在生产经营活动中存在的可能导致安全生产事故发生的人的不安全行为、物的不安全状态、场所的不安全因素和管理上的缺陷。

第四条　生产经营单位是隐患治理的责任主体，生产经营单位主要负责人对本单位隐患治理工作全面负责，应当部署、督促、检查本单位或本单位职责范围内的隐患治理工作，及时消除隐患。

第五条　交通运输部指导全国公路水路行业安全生产隐患治理管理工作。地方交通运输管理部门和有关部属单位指导管辖范围内安全生产隐患治理管理工作。属地负有安全生产监督管理职责的交通运输管理部门具体负责管辖范围内生产经营单位安全生产隐患治理的监督，督促生产经营单位落实重大隐患治理和报备。

第六条　隐患治理工作应坚持“单位负责、行业监管、分级管理、社会监督”的原则。

第二章　分 类 分 级

第七条　隐患按业务领域分为道路运输隐患、水路运输隐患、港口营运隐患、交通工程建设隐患、交通设施养护工程隐患和其他隐患六个类型。每个类型可按照业务属性分为若干类别。

第八条　隐患分为重大隐患和一般隐患两个等级。重大隐患是指极易导致重特大安全生产事故，且整改难度较大，需要全部或者局部停产停业，并经过一定时间整改治理方能消除的隐患，或者因外部因素影响致使生产经营单位自身难以消除的隐患。一般隐患是指除重大隐患外，可能导致安全生产事故发生的隐患。

各重点领域重大隐患分级判定指南由交通运输部另行颁布。

第三章　隐患排查与整改

第九条　生产经营单位应当建立健全隐患排查、告知（预警）、整改、评估验收、报备、奖惩考核、建档等制度，逐级明确隐患治理责任，落实到具体岗位和人员。

第十条 生产经营单位应当保障隐患治理投入，做到责任、措施、资金、时限、预案“五到位”。

第十一条 生产经营单位应当建立隐患日常排查、定期排查和专项排查工作机制，明确隐患排查的责任部门和人员、排查范围、程序、频次、统计分析、效果评价和评估改进等要求，及时发现并消除隐患。

第十二条 隐患日常排查是生产经营单位结合日常工作组织开展的经常性隐患排查，排查范围应覆盖日常生产作业环节，日常排查每周应不少于1次。

第十三条 隐患专项排查是生产经营单位在一定范围、领域组织开展的针对特定隐患的排查，一般包括：

（一）根据政府及有关管理部门安全工作专项部署，开展针对性的隐患排查；

（二）根据季节性、规律性安全生产条件变化，开展针对性的隐患排查；

（三）根据新工艺、新材料、新技术、新设备投入使用对安全生产条件形成的变化，开展针对性的隐患排查；

（四）根据安全生产事故情况，开展针对性的隐患排查。

第十四条 隐患定期排查是由生产经营单位根据生产经营活动特点，组织开展涵盖全部交通运输生产经营领域、环节的隐患排查。定期排查每半年应不少于1次。

第十五条 生产经营单位应指定专门机构负责本单位安全生产隐患治理工作，定期检查本单位的安全生产状况，及时组织排查隐患，提出改进安全生产管理的建议。

第十六条 从业人员发现隐患，应当立即向现场安全生产管理人员或者本单位负责人报告；接到报告的人员应当及时予以处理。

第十七条 生产经营单位应认真填写隐患排查记录，形成隐患排查工作台账，包括排查对象或范围、时间、人员、安全技术状况、处理意见等内容，经隐患排查直接责任人签字后妥善保存。

第十八条 生产经营单位对发现或排查出的隐患，应当按照隐患分级判定指南，确定隐患等级，形成隐患清单。

第十九条 生产经营单位应对排查出的隐患立即组织整改，隐患整改情况应当依法如实记录，并向从业人员通报。

第二十条 一般隐患整改完成后，应由生产经营单位组织验收，出具整改验收结论，并由验收主要负责人签字确认。

第二十一条 生产经营单位在隐患整改过程中，应当采取相应的安全防范措施，防范发生安全生产事故。

第二十二条 重大隐患整改应制定专项方案，包括以下内容：

（一）整改的目标和任务；

（二）整改技术方案和整改期的安全保障措施；

（三）经费和物资保障措施；

（四）整改责任部门和人员；

（五）整改时限及节点要求；

（六）应急处置措施；

（七）跟踪督办及验收部门和人员。

第二十三条 重大隐患整改完成后，生产经营单位应委托第三方服务机构或成立隐患整改验收组进行专项验收。生产经营单位成立的隐患整改验收组成员应包括生产经营单位负责人、安全管理部门负责人、相关业务部门负责人和2名以上相关专业领域具有一定从业经历的专业技术人员。整改验收应根据隐患暴露出的问题，全面评估，出具整改验收结论，并由组长签字确认。

第二十四条 重大隐患整改验收通过的，生产经营单位应将验收结论向属地负有安全生产监督管理职责的交通运输管理部门报备，并申请销号。报备申请材料包括：

（一）重大隐患基本情况及整改方案；

（二）重大隐患整改过程；

（三）验收机构或验收组基本情况；

（四）验收报告及结论；

（五）下一步改进措施。

第二十五条 重大隐患整改验收完成后，生产经营单位应对隐患形成原因及整改工作进行分析评估，及时完善相关制度和措施，依据有关规定和制度对相关责任人进行处理，并开展有针对性的培训教育。

第二十六条 生产经营单位应当根据生产经营活动特点，定期组织对本单位隐患治理情况进行统计分析，及时梳理、发现安全生产苗头性问题和规律，形成统计分析报告，改进安全生产工作。

第二十七条 生产经营单位应当建立隐患治理表彰、激励机制，鼓励从业人员主动参与排查和消除隐患，并将隐患治理责任落实情况作为重要内容纳入员工岗位绩效考核。

第二十八条 生产经营单位应当建立隐患治理全员参与机制，畅通投诉、举报渠道，鼓励从业人员对生产经营活动中隐患治理责任不落实，危及生产经营安全的行为和状态进行投诉或举报，并切实保障投诉或举报人合法权益。

第二十九条 工会发现生产经营单位存在隐患时，有权提出解决的建议，生产经营单位应当及时研究答复；对危及从业人员生命安全的隐患，有权向生产经营单位建议组织从业人员撤离危险场所，生产经营单位必须立即作出处理。

第三十条 生产经营单位在生产经营活动中存在项目发包、场地或设施设备出租的，应当对承包单位、承租单位的安全生产条件或者相应资质进行审查，并签订专门的安全生产管理协议，或者在承包合同、租赁合同中约定有关安全生产管理事项，明确双方隐患治理责任。

第三十一条 生产经营单位不得向不具备安全生产条件或者相应资质的单位发包项目

或出租场地。

第三十二条 生产经营单位应对具备安全生产条件或者相应资质承包、承租单位的安全生产工作统一协调、管理，定期进行安全生产检查，发现隐患的，应当及时督促整改。

第三十三条 生产经营单位应加大安全投入，积极应用信息化、智能化技术手段和安全性能水平高的新工艺、新材料、新技术和新装备，减少和消除隐患。

第四章 重大隐患报备

第三十四条 生产经营单位应按照“及时报备、动态更新、真实准确”的原则，通过公路水路行业安全生产隐患治理信息系统向属地负有安全生产监督管理职责的管理部门及时报备重大隐患信息，负有直接监督管理责任的交通运输管理部门应审查报备信息的完整性。

第三十五条 重大隐患报备信息应包括以下内容：

（一）隐患名称、类型类别、所属生产经营单位及所在行政区划、属地负有安全生产监督管理职责的管理部门；

（二）隐患现状描述及产生原因；

（三）可能导致发生的安全生产事故及后果；

（四）整改方案或已经采取的治理措施，治理效果和可能存在的遗留问题；

（五）隐患整改验收情况、责任人处理结果；

（六）整改期间发生安全生产事故的，还应报送事故及处理结果等信息。

上述第（四）（五）（六）款信息在相关工作完成后报备。

第三十六条 重大隐患报备包括首次报备、定期报备和不定期报备三种方式。

（一）首次报备：应在重大隐患确定后进行报备；

（二）定期报备：报送重大隐患整改的进展情况；

（三）不定期报备：当重大隐患状态发生新的重大变化时，应及时报备相关情况。

第三十七条 生产经营单位的安全生产管理人员在检查中发现重大隐患，应向本单位有关负责人报告，有关负责人不及时处理的，安全生产管理人员应向属地负有安全生产监督管理职责的交通运输管理部门报告。

第三十八条 重大隐患首次报备应在重大隐患确定后5个工作日内报备，定期报备应在每季度结束后次月前10个工作日内报备，不定期报备应在重大隐患状态发生重大变化后5个工作日内进行报备。

第三十九条 生产经营单位应建立重大隐患专项档案，并规范管理。

第五章 隐患治理督查督办

第四十条 属地负有安全生产监督管理职责的交通运输管理部门应建立健全重大隐患治理督办制度，并将重大隐患整改情况纳入年度安全生产监督检查计划内容，明确督促检查责任部门、检查范围。

第四十一条 属地负有安全生产监督管理职责的交通运输管理部门对生产经营单位隐患治理工作督促检查的主要内容应当包括：

（一）贯彻落实管理部门关于隐患治理工作部署和要求的情况；

（二）隐患治理责任体系、岗位制度、工作程序、档案台账等建立、执行情况；

（三）重大隐患报备及统计分析情况；

（四）隐患整改措施落实情况；

（五）隐患告知和警示教育、责任追究情况。

第四十二条 交通运输管理部门对安全生产检查中发现的隐患，应及时告知被检查单位，并督促按照有关要求整改。

第四十三条 交通运输管理部门依法履行安全生产督促检查职责时，生产经营单位应当积极配合，不得拒绝和阻挠。

第四十四条 属地负有安全生产监督管理职责的交通运输管理部门对督促检查、社会举报核实发现的未按要求有效开展隐患排查或整改的生产经营单位，应当下达督促整改通知书，明确存在问题和整改要求，责令限期整改。

第四十五条 属地负有安全生产监督管理职责的交通运输管理部门应当按照管辖权限，对管辖范围内发现存在重大隐患的生产经营单位实行挂牌督办。上级交通运输管理部门发现的重大隐患，应当对下一级交通运输管理部门挂牌督办，要求属地负有安全生产监督管理职责的交通运输管理部门督促生产经营单位按要求进行整改。

第四十六条 属地负有安全生产监督管理职责的交通运输管理部门在接到生产经营单位重大隐患销号申请后，应在5个工作日内对验收结论及验收程序予以形式确认，并对形式确认通过的予以销号，不通过的应责令继续整改。

第四十七条 交通运输管理部门可通过购买服务方式委托第三方服务机构承担隐患治理监督抽查、检测和技术咨询服务。

第六章 监督管理

第四十八条 交通运输管理部门应依据管辖权限，将不按要求开展安全生产隐患排查、治理和报备重大隐患等不良行为记入相关生产经营单位及主要相关责任人的安全生产信用记录。

第四十九条 交通运输管理部门应充分运用信息化、智能化和大数据等技术手段，提升安全隐患治理能力。

第五十条 属地负有安全生产监督管理职责的交通运输管理部门对隐患排查治理不力满足法律法规规定处罚条件，或未按督办要求整改重大隐患，或存在重大隐患不能保证安全的生产经营单位，应依据《中华人民共和国安全生产法》等相关法律法规进行处理。

第五十一条 受交通运输管理部门或生产经营单位委托承担隐患治理相关工作的第三方服务机构，应对其承担工作的合规性、准确性负责。生产经营单位委托第三方专业服务机构提供隐患治理相关支持工作，不改变生产经营单位隐患治理主体责任。

第五十二条 对发现的重大隐患未履行督办责任，导致发生安全生产事故的交通运输管理部门和责任人员，应依法依规追究其法律责任。

第七章 附 则

第五十三条 属地负有安全生产监督管理职责的交通运输管理部门是依据相关法律法规或有关规定，直接对生产经营单位相关业务安全生产工作负有监督管理责任的单位或部门。

第五十四条 本办法自2018年1月1日起实施，有效期3年。

附录三　危险化学品名称及其临界量

序号	类　别	危险化学品名称和说明	临界量(T)
1	爆炸品	叠氮化钡	0.5
2		叠氮化铅	0.5
3		雷酸汞	0.5
4		三硝基苯甲醚	5
5		三硝基甲苯	5
6		硝化甘油	1
7		硝化纤维素	10
8		硝酸铵(含可燃物 >0.2%)	5
9	易燃气体	丁二烯	5
10		二甲醚	50
11		甲烷,天然气	50
12		氯乙烯	50
13		氢	5
14		液化石油气(含丙烷,丁烷及其混合物)	50
15		一甲胺	5
16		乙炔	1
17		乙烯	50
18	毒性气体	氨	10
19		二氟化氧	1
20		二氧化氮	1
21		二氧化硫	20
22		氟	1
23		光气	0.3
24		环氧乙烷	10
25		甲醛(含量 >90%)	5
26		磷化氢	1
27		硫化氢	5
28		氯化氢	20
29		氯	5
30		燃气(CO、CO 和 H_2、CH_4 的混合物等)	20
31		砷化三氢(胂)	1

续上表

序号	类　　别	危险化学品名称和说明	临界量(T)
32	毒性气体	锑化氢	1
33		硒化氢	1
34		溴甲烷	10
35	易燃液体	苯	50
36		苯乙烯	500
37		丙酮	500
38		丙烯腈	50
39		二硫化碳	50
40		环己烷	500
41		环氧丙烷	10
42		甲苯	500
43		甲醇	500
44		汽油	200
45		乙醇	500
46		乙醚	10
47		乙酸乙酯	500
48		正己烷	500
49	易于自燃的物质	黄磷	50
50		烷基铝	1
51		戊硼烷	1
52	遇水放出易燃气体的物质	电石	100
53		钾	1
54		钠	10
55	氧化性物质	发烟硫酸	100
56		过氧化钾	20
57		过氧化钠	20
58		氯酸钾	100
59		氯酸钠	100
60		硝酸(发红烟的)	20
61		硝酸(发红烟的除外,含硝酸 > 70%)	100
62		硝酸铵(含可燃物 ≤ 0.2%)	300
63		硝酸铵基化肥	1000
64	有机过氧化物	过氧乙酸(含量 ≥ 60%)	10
65		过氧化甲乙酮(含量 ≥ 60%)	10

续上表

序号	类　别	危险化学品名称和说明	临界量(T)
66	毒性物质	丙酮合氰化氢	20
67		丙烯醛	20
68		氟化氢	1
69		环氧氯丙烷(3－氯－1,2－环氧丙烷)	20
70		环氧溴丙烷(表溴醇)	20
71		甲苯二异氰酸酯	100
72		氯化硫	1
73		氰化氢	1
74		三氧化硫	75
75		烯丙胺	20
76		溴	20
77		乙撑亚胺	20
78		异氰酸甲酯	0.75